大是文化

유대인 창의성의 비밀 :
베스트보다 유니크를 지향하라

猶太人的智富思維

猶太人這麼少，智者和有錢人卻這麼多，
就靠塔木德、虎之霸、大頭精神，和長輩給的三個禮物。

大韓貿易投資振興公社（KOTRA）32年經歷、猶太人經濟史專家
洪益憙——著
邱麟翔——譯

目錄

推薦序
致富的第一步，你得先看懂猶太人

證券分析師／林成蔭

在這個世界上，投資股票的人越來越多，而其中最為成功且知名的，非華倫．巴菲特（Warren Buffett）莫屬。他靠著投資，累積千億美元身價，被譽為「股神」，其信奉的「價值投資法」也蔚為風潮。

巴菲特的投資標的以美國企業為主，不過，在二〇〇六年，巴菲特投資了第一家美國以外的公司，而這家企業名為伊斯卡（ISCAR），是生產金屬切削刀具的以色列公司。

二〇二〇年，全球金融市場劇烈震盪，抱持「破壞式創新」投資理念的方舟投資（按：一間總部位於美國紐約的資產管理公司）一夕爆紅，該公司的五檔主動型投資ETF，二〇二〇年全年報酬率都超過一〇〇％，其中的ARKK更成為全球最大的主動式ETF，其創辦人凱薩琳．伍德（Cathie Wood）被稱為「女股神」，方舟投資唯一一檔投資特定區域的ETF代號為IZRL，也就是以色列創新指數基金。

為什麼講求價值投資法的男股神、堅持破壞式創新的女股神，他們都看好以色列？

猶太人是以色列的主要人種。根據統計，每五名諾貝爾獎得主中，就有一名是猶太人。再者，以色列政府非常重視「創新」，不僅積極培養創新公司，也不吝提供補助；因此，以色列人均創投資金是美國的二．五倍及歐洲的八十倍。由此可知，猶太人是極為聰明的民族，而以色列可說是全世界最重視新創投資的國家，自然會吸引股神的青睞。

本書最大的特色在於深入猶太人的根本思維，從歷史背景、宗教因素、家庭生活、教育理念一一剖析，使讀者真正理解：這個民族為何能脫離滅國及流浪的困境，不僅成功建國，還舉世聞名，並進而思考能如何運用於現階段的環境中。

舉例來說，本書指出，《塔木德》（*Talmud*）教育法重點在於提問和討論，猶太人強調「虎之霸」（**Chutzpah**，意指勇敢、膽大妄為，發音近似虎之霸）精神，也就是不分地位高低，毫不猶豫的提問。相較之下，臺灣雖注重教育，卻著重於背誦、不允許挑戰權威，我們與猶太人之間的差異，值得深思。

另外，猶太人在十三歲成年禮當天，會從父母和親友那裡收到《聖經》（*Bible*）、手錶和禮金三份禮物，其中禮金代表的是要擁有金錢意識，並開始獨立理財；透過實際投資，體會「錢不是靠賺，而是靠滾」的道理。比其他人更早懂得理財，也是非常新穎的觀念。

想要變得更加聰明、更會投資，好好閱讀本書，肯定是個好主意。

前言
猶太人的致富思維，創意經濟

每到了十月，全世界就都在關注諾貝爾獎得主的誕生，並好奇這一年的諾貝爾獎得主中，會有幾名猶太人。果然，在二〇二〇年，猶太人再度橫掃了許多的獎項。在九名諾貝爾獎得主之中，就有三名是猶太人（按：分別為諾貝爾物理學獎的羅傑・潘洛斯〔Roger Penrose〕、諾貝爾生理學或醫學獎的哈維・阿爾特〔Harvey Alter〕，以及諾貝爾文學獎的露伊絲・葛綠珂〔Louise Glück〕）。以色列報紙《國土報》（*Haaretz*）分析：猶太人歷經數次戰亂及納粹的打壓，為求生存，不得不發展出聰明的腦袋。此外，猶太人非常重視教育，他們的文化背景促成了這個現象。

雖然猶太人僅占全球人口的〇・二%，但在所有諾貝爾獎得主之中，猶太人就占了二二%，等於每五名諾貝爾獎得主中，就有一名是猶太人。至此，我們不可能不好奇，猶太人的創意及傑出實力究竟從何而來？

在二〇一三年初，我出版了《猶太人大歷史》（暫譯，유대인 이야기）一書，從經濟史

的角度，講述猶太人從《聖經》內的故事到現今的華爾街，一路走來的歷程，受到廣大讀者的喜愛。在《猶太人大歷史》中，我介紹了過去的猶太人是如何創造財富的；而在本書中，我要訴說和我們活在同一個時代的猶太人，他們的故事。

與《第三次浪潮》（*The Third Wave*）的作者阿爾文．托夫勒（Alvin Toffler）一同開創未來學的吉姆．達托（Jim Dator），很早就預測出創意經濟的趨勢，他指出：「全球經濟主力正從製造業轉為服務業，從知識經濟轉為創意經濟。」並說明，在經歷資訊化社會之後，世界將迎接「夢想社會」（Dream Society）的到來。

夢想社會是販賣夢想和情感的社會，意指所有產業都將朝文化產業發展，經濟成長的主力將從資訊轉變為形象及故事，而國家競爭力的關鍵將取決於想像力和創意；主要成長動力也從創新變為創意，價值來源從知識及資訊，變成想像力以及創意。這就是**繼資訊化社會之後，即將到來的第四次浪潮——夢想社會**。

創意，指的是透過想像力，創造出前所未有的事物。至於想像力，從字面上來看，就是將所想的事物形象化的能力。創意來自想像力與夢想，**猶太教的經典《塔木德》便提到：夢想，是一個人最美的衣裳**。在二十一世紀，想像力不僅是主要的話題，也是最重要的經濟動力來源。

在創意經濟模式中，創意是必備的要素。所謂創意，就是要提出新奇、多元，且有別於他人的想法。這種能力不可能在一天之內就培養出來，而是必須借助教育的力量。透過閱讀、提問、討論、融合、匯合，以及不分地位高低的溝通方式，猶太人的創意才得以養成。想知道猶太人創意的祕密，就必須從教育方式著手。

創意不只是某個人表現傑出的證明。事實上，創意更常從系統之中，經過融合及匯合的過程誕生而出。個人的創意固然重要，但是，許多人在一個系統中互相交流、討論所激盪出的火花，才是最可貴的。

如今，不僅在學術上，在企業及社會中，我們也需要融合與匯合。融合，指的是兩個以上的領域合而為一；匯合，則是承認彼此領域的不同，並跨越界線。一個人是不可能完成所有事情的，因此，我們需要匯合不同領域，並融合不一樣的行業。兩個事物結合在一起，就會誕生出新的事物。正如同科學與人文學結合之後，會創造出全然不同的感性；經過融合及匯合之後，創意就能激盪出最燦爛的火花。

本書將焦點放在猶太人身上，試圖找出這種創意的來源。猶太人是引領全球服務業發展的民族，在服務業中，處處可見猶太人的創意。

首先，依據猶太人所引領的不同產業，本書將帶各位認識各種運用創意的實例與方法；為了找出創意的源頭，則將深入探討猶太人的教育及家庭文化。另外，本書也將談及猶太人是如何在艱困的歷史中，提煉出共同體意識、團結力，及崇尚學習的民族性，並追溯以色列成為創意經濟強國的發展軌跡。希望書中的豐富案例，能讓各位了解，猶太人的創意究竟源自何處。

這本書的內容參照了許多書籍與網路資訊，也參考、引用多位前輩的用心成果，懇請各位讀者諒解。書中若有任何錯誤或疏漏之處，均屬筆者力有未逮，尚祈方家不吝指正。這本書，獻給位於出口貿易最前線，大韓貿易投資振興公社（KOTRA）的各位同仁。

第一章

把創意當成根基，將夢想拿來販售

在拉斯維加斯開創旅遊業、在藝術界各領域引領潮流……猶太人都做到了。
透過這些案例，我們將看見猶太人的創意，
並了解猶太人如何成為主導今日美國社會的重要勢力。

1 所有的新發明，只能領先世人半步

一九八〇年，猶太人托夫勒預測，資訊革命將帶來第三次浪潮（按：意指社會的潮流演變，第一次浪潮為新石器時代，第二次為工業化社會，第三次為後工業社會，亦稱資訊時代）。但當時，多數猶太人只關注金融、不動產及流通業，鮮少猶太人在資訊業嶄露頭角。不過，現在卻並非如此，如今，**猶太人正是資訊業的領頭羊**。

谷歌何以成功？只領先半步

谷歌（Google）剛問世時，搜尋引擎市場已經飽和。即便如此，谷歌依然成為全球搜尋引擎市場的龍頭，原因就在於：谷歌只領先全世界半步。

世人無法欣然接受領先好幾步的天才，這也是導致許多天才命運悲慘的原因。世人只能接受領先世界半步、引領著大眾、滿足大眾需求的天才。也就是說，比起遙不可及的聰明才智，實用性才是世人最看重的。

當時，搜尋引擎正如雨後春筍般不斷出現，使大眾逐漸感到厭煩。每次搜尋，都難以

獲得真正需要的資訊，還會跑出一堆垃圾網頁。谷歌創辦人賴利・佩吉（Larry Page）亦經常為此問題感到煩惱，他心想，如果搜尋引擎可以依照重要程度，來羅列搜尋到的網頁，就再好不過了。這個想法，就是谷歌的起源。

佩吉很快就想到，可以把權重當成計算網頁重要程度的方法，也就是說，相較常被引用或分享的網頁，就會被判斷為有用的網頁。不過，他需要別人將這個想法轉換成數學演算法。幸好，他的猶太裔同學謝爾蓋・布林（Sergey Brin）是個數學天才，幫他解決了這項問題，著名的「網頁排名」（PageRank）演算法就此誕生。

於是，他們開始尋找願意買下這個搜尋引擎演算法的入口網站公司，卻未獲得任何關注。好不容易將演算法開發出來，辛苦得到的成果卻乏人問津，因此，仍是學生的兩人只好自行成立公司，可說是硬著頭皮走上創業之路。

由於缺乏資金，兩人借用了布林女友家的車庫作為辦公室。谷歌初踏入搜尋引擎市場時，競爭對手有雅虎（Yahoo!）、AltaVista、Lycos、Excite等，競爭非常激烈，有如群雄割據的亂世。但是，憑著獨有的創意，谷歌最終成為整個市場的老大。

佩吉之所以能成功，父母的影響是一個很重要的因素。佩吉的父親是密西根州立大學電腦科學系的教授，母親也在同一個大學教程式設計。受父母的影響，佩吉五歲時就開始把玩僅有三十二KB記憶體的電腦。在這樣的環境成長，他從小就自然而然的接觸到電腦，

▲ 谷歌重視員工的創意，辦公室大廳令人印象深刻。

也提升了對電腦的熟悉度。

還小的時候，佩吉就夢想成為發明家，他父親只要有空，就會帶著這個想成為發明家的兒子，到美國各地參加機器人研討會。佩吉也表示，因為小時候有這些經驗，對於這個夢想的熱忱也更加強烈。也就是說，他的父親為他帶來了夢想。

近年來，美國年輕人最想工作的地方就是谷歌。因為，谷歌不僅提供宛如遊樂場般的舒適辦公環境，員工福利也是出了名的優渥。

谷歌內部設有頂級的員工餐廳，免費供應三餐。此外，谷歌也設有托兒所、健身房、SPA、游泳池、牙醫診所、汽車維修中心、戶外烤肉區，甚至還有按摩中心。員工可以在上班時間享受按摩，亦能在沙發或睡眠艙裡小睡，或在戶外庭院打排球、帶狗狗散步。

這一切，都是為了激發員工的創意，因為在死板的氛圍中，是很難發想創意的。如果員工每天只是坐在辦公桌前，重複執行相同的業務，肯定難以想出好的點子。谷歌深信，如果員工能在工作過程中感受到樂趣，就能產出更多創意。

這樣的價值觀也反映在谷歌的「七〇／二〇／一〇分配法則」中，這一政策鼓勵員工將七〇%的時間花在公司業務上，另外二〇%用來處理只由自己進行的專案，剩餘的一〇%時間則花在與公司毫不相干的事物上。直到今天，這樣的政策仍然持續進行著。

臉書，讓冷科技也有溫度

一名猶太裔學生純粹為了好玩，便將哈佛大學女學生的照片上傳至網路，並予以排名。日後，這個點子將發展為臉書（Facebook）。馬克·祖克柏（Mark Zuckerberg）在他十九歲那年，與猶太裔大學室友達斯廷·莫斯科維茨（Dustin Moskovitz）共同創立臉書，最終稱霸競爭激烈的通訊軟體市場。

臉書讓用戶能以富有情感的方式追蹤朋友的想法與生活，為資訊技術增添了感性。透過按讚、留言及分享的機制，用戶間便能交流情感。這就是為什麼，較感性的人在臉書上能成為主流的聲音。

臉書的優點是，用戶隨時都能上傳文字、照片及影片，並立即分享出去。臉書開始快速成長的契機，是二〇〇九年二月推出的按讚功能。只要用戶一按讚，臉書便會有所記錄，並掌握用戶及貼文之間的相關性。動態時報上不會顯示每個朋友的貼文與照片，而是由臉書自動計算，讓相關性較高的貼文與照片優先顯示出來。如果一名用戶上傳了某則貼文，有另一名用戶對其按讚、留言或分享出去，那麼，根據相關性的計算，其他用戶的朋友將會優先看見該則貼文，讓貼文快速被散播。

以往，想向大眾傳遞訊息，你若不是必須家財萬貫、聲名遠播，就必須是個呼風喚雨的政壇人物。但如今情況不同了，現在平凡人也能隨時隨地站出來發聲。社會的權力及聲量正逐漸從大型機關或有權人士，轉移至平凡的普通人身上。

目前，全球的臉書用戶數量高達三十億，光是在歐美地區，就創造了四十五萬個工作機會。這就是從無到有的創意經濟。

而祖克柏的成功背後，也存在著父母所帶來的影響。他的父親愛德華是一名牙醫師，母親凱倫是一名精神科醫師。祖克柏小時候，父親便教導他培基語言（按：設計給初學者使用的程式語言），後來更聘請了程式語言家教，持續深化程式語言教育，此外，祖克柏的父親也在工作忙碌之餘，帶兒子到周邊大學聽課。據說，曾有講師要求不要帶孩子到課堂上，他便表示，不是自己要聽課，是為了讓兒子聽課才去的，並請求講師允許。

祖克柏在學習程式語言、了解網路的過程中，萌生了一個夢想：「如果每個人都能夠輕易獲得資訊，且所有資訊都開放而透明，社會會不會變得更好？」

後來，祖克柏在十一歲那年開發出一個程式，讓父親的牙醫診所員工能透過電腦告知病患已抵達，並協助辦公室內的員工溝通。而祖克柏之所以能深入了解人類心理，並開發臉書，很大程度上是受到精神科醫師母親的影響。

祖克柏高中時，被智能傳媒公司（Intelligent Media Group）聘用，開發出一款名為Synapse的音樂播放程式，能夠透過人工智慧來學習使用者聆聽音樂的習慣。微軟（Microsoft）與美國線上（AOL Inc.）買下該程式後，不斷試圖招攬祖克柏，但他沒有接受，反而選擇在二〇〇二年進入哈佛大學就讀。後來，這名天才少年成為臉書的創辦人。

谷歌與臉書的幕後功臣，靠創意奠定盈利模式

美國媒體將臉書營運長雪柔．桑德伯格（Sheryl Sandberg）形容為「一位有潛力成為總統的女人」。雖然臉書創辦人祖克柏的創意源源不絕，但他將創意化為細部策略的能力較為不足。在二〇〇七年冬天，臉書因尚未建立盈利模式而陷入財務赤字，而祖克柏花了六週的

時間，多次說服桑德伯格，終於成功挖角她。

桑德伯格在谷歌初創期，奠定了盈利模式，可說是造就今日谷歌的核心人物。佩吉和布林雖然都是開發方面的天才，但兩人在經營層面的經驗卻稍嫌不足，更何況，當時沒人敢保證入口網站一定會賺錢。

桑德伯格加入谷歌後，將焦點放在思考「如何能在不破壞搜尋引擎本質的前提下，發展出兼具感性的盈利模式」。桑德伯格最擅長的，就是在訂立目標後，發展出縝密的策略，並徹底執行。最後，她成功奠定兩種盈利模式：Google AdWords（現為Google Ads）與Google AdSense，谷歌也從此展翅高飛。

桑德伯格是美國著名經濟學者賴瑞・薩默斯（Larry Summers）的得意門生，她以優異的成績從哈佛大學經濟學系畢業。之後，薩默斯任職於世界銀行，便聘請桑德伯格擔任助手。桑德伯格獲得哈佛商學院工商管理碩士學位後，進入麥肯錫公司擔任管理顧問。後來，薩默斯被任命為美國財政部部長，桑德伯格獲拔擢，擔任其幕僚長。年僅三十歲且身為女性的她，展現出非凡的工作能力。

▲ 猶太裔女性的成功象徵：雪柔・桑德伯格。

二〇〇一年，桑德伯格卸下公職後，推辭許多公司的邀約，選擇加入新創公司谷歌，負責廣告與線上銷售的部門。才進入谷歌一年，她便讓公司的收益翻漲四倍，為谷歌的成長做出龐大的貢獻。後來，谷歌在二〇〇六年收購影音網站 YouTube，並於二〇〇七年收購網路廣告公司 DoubleClick，當年，DoubleClick 一天就能夠執行一百七十億個廣告。桑德伯格於二〇〇四年結婚，育有兩名子女，即便工作繁忙，她依然在工作與家庭之間維持良好的平衡，由此可看出一名猶太裔母親的韌性。

後來，祖克柏認為，能夠勝任臉書營運長一職的人，非桑德伯格莫屬。經歷多次遊說之後，祖克柏總算在二〇〇八年三月獲得桑德伯格的首肯。她加入臉書後，開發出新的商業模式，讓臉書自二〇一〇年起扶搖直上。

如今，桑德伯格已成為臉書的二把手，具有舉足輕重的影響力。她不僅是成功的職場女性典範，更連續多年獲《富比士》（*Forbes*）評選為最具影響力的商業女性。

雅虎 CEO 的鐵腕領導，先看「地下停車場」

在谷歌，除了桑德伯格，還有另一名成功的猶太裔女性，就是既擁有名模般的外貌，又是電腦專家的設計長梅麗莎．梅爾（Marissa Mayer）。谷歌所有的設計項目都是由她完成的。梅爾和佩吉及布林一樣，都畢業於史丹佛大學電腦科學研究所，並於谷歌創立的第二年（一九九九年）加入谷歌，她是谷歌的第二十位員工，也是谷歌的首位女性工程師，專長為人工智慧。

梅麗莎．梅爾不僅是數學天才，也在設計領域擁有傑出的眼光，谷歌產品的外觀與情感設計皆由她負責。由此可見，情感已經成為資訊科技的重要元素之一。

她的努力成果受到肯定。二〇一二年七月，梅爾以三十七歲之齡，出任雅虎執行長，成為《財星》（*Fortune*）全球五百大企業中最年輕的執行長。在二〇〇七年至二〇一二年之間，雅虎的執行長已經換了六次，簡直就是執行長們的墓園。因此，當時梅爾可以說是很有膽的接掌了這艘岌岌可危的船。而且懷有身孕的她，在生完小孩的兩週後便回到辦公室，周圍的人都非常吃驚。

二〇一三年三月，梅爾訂定的方針不僅撼動了雅虎，也轟動了整個美國社會：雅虎全面取消「遠距工作」政策，自六月起，所有人都必須進公司上班。此舉不僅引起員工的反彈，亦招來外界的批評。

但是，梅爾這麼做是有原因的。某日下午她走進公司的停車場，看見裡面一片空蕩，為此感到忿忿不平；谷歌員工經常

▲梅爾與桑德伯格同為受矚目的美國女性領袖之一。

因為找不到停車位而來回徘徊，雅虎員工卻經常以遠距工作或外出為由，每到下午就開車離開公司，這類行為甚至被戲稱為「雅虎病」。她由此發現，雅虎全公司上下既無目標，亦無士氣可言，只剩下官僚主義，這分明是敗壞的前兆。

梅爾認為，如果不從「雅虎病」開始改進，這一間年長的網路公司就不可能起死回生。她希望能找回最一開始的創業精神。梅麗莎．梅爾的「鐵腕領導」究竟能否讓雅虎東山再起，值得關注（按：梅爾已於二〇一七年六月十三日卸除雅虎執行長一職）。[1]

預見商用資料庫的未來潛力：甲骨文公司

甲骨文公司（Oracle）的誕生，是敏銳解讀全球趨勢的結果。賴瑞．艾利森（Larry Ellison）原本對電腦一竅不通，卻進了一家電腦軟體公司。於是，他開始自學程式設計。後來，他接受美國中央情報局（CIA）委託的任務，開發一套代號為「Oracle」的資料庫，日後成為他所創立的公司之名稱。

當他聽聞IBM（國際商業機器公司）正在研發商用資料庫，便預見了該市場的未來。他發現，電腦軟體不僅能供個人使用，在商業上的用途更是無窮無盡。一九七七年，艾利森與兩名同事以一千兩百美元（按：全書美元兌新臺幣之匯率，皆以臺灣銀行在二〇二一年二月公告之均價二七・八一元為準，一千兩百美元約新臺幣三萬三千元）的資金，火速成立了公司。最後，他比ＩＢＭ更早推出商用資料庫的試用版產品，並予以普及。

相較於微軟公司提供的個人用軟體，甲骨文公司提供的是適合軍方、政府及企業使用的商用軟體，因此較不為人所知。但是，艾利森精準的眼光預見了市場的未來，使他成為目前美國第五大富豪。

根據二〇一二年的統計，其個人資產高達四百一十億美元，相當於一兆韓元，與三星集團前會長李健熙相比，甚至還多了三倍。

▲ 在資訊企業的執行長中，艾利森的年薪最高，高達 9,620 萬美元。

微軟真正的老大，不是比爾・蓋茲

在美國，緊接在艾利森之後的另一名猶太裔富豪，是微軟公司的執行長史蒂芬・巴爾默（Steve Ballmer）。他在一九八〇年以一般員工的身分進入微軟，並在二〇〇〇年成為公司的執行長。

巴爾默於哈佛大學主修數學和經濟學，並於此時期認識了比爾．蓋茲（Bill Gates），兩人成為要好的牌友。由於性格爽朗、交友廣闊，巴爾默在大學二年級時擔任哈佛大學美式足球隊的經理，也擔任過校刊的廣告組長及校誌的負責人，接觸了許多不同領域，也經常參加校內的社交聚會。簡而言之，他是個文武雙全的通才。

蓋茲創業後，在經營方面遇到瓶頸，因而想起了巴爾默。當時，巴爾默正在史丹佛商學院攻讀博士。在蓋茲的說服下，他在一九八〇年進入微軟。兩人經常在經營管理層面上意見分歧，但就結果而言，每次都是巴爾默勝出。蓋茲也同意，巴爾默在經營管理方面技高一籌，因此乾脆不插手，全權交給巴爾默執行。

這其實就是造就今日微軟的一個重要分歧點，巴爾默那具有進攻性的管理風格被稱為「巴爾默主義」，因為比世界快了半步，因此總能成功搶占未來的商機。蓋茲也曾說過：「我是老二，史蒂芬才是老大。」（按：巴爾默已於二〇一四年卸下執行長一職。）

戴爾的委外生產怎麼來？拆電腦、集郵票

若說艾利森和巴爾默是軟體業具有指標性的猶太人，那麼，麥可．戴爾（Michael Dell）便是硬體市場最具有指標性的猶太人。

戴爾小時候一看到電腦，便一頭栽進了電腦的世界。蘋果公司製作的第一臺普及微電腦Apple II上市後不久，戴爾便利用打工的薪水買下一臺，當作十五歲的生日禮物。不過，戴爾做的第一件事就是拆解它。

他對事物運作的原理很感興趣，因此他自行拆解了電腦的內部結構，了解電腦如何運作。少年時期的戴爾對電腦充滿好奇心。但是，他後來追隨醫師父親的腳步，進入醫學院就讀，因為對猶太人而言，醫師是一個夢想職業。

不過，當親友們得知戴爾組裝電腦的技術非常出色，便開始請求戴爾組裝電腦。而且，戴爾組裝的電腦不僅性能比市售電腦更好，還便宜了二〇～三〇％。於是，經過口耳相傳，不僅朋友，連教授和律師都紛紛上門詢問，讓戴爾賺了不少錢，他的心中也萌生了創業的夢想。

從某個角度而言，戴爾電腦的創辦人戴爾的成功故事，並非始於一個驚人的想法，他的出發點不過是：先有訂單再生產電腦，直接賣給客戶，不經由中間商。然而，卻創造了極大的成功。

▲ 被譽為「硬體之王」的戴爾，大膽採用「委外生產」的銷售樣式。

事實上，這樣的想法源自於戴爾童年時期的經歷。戴爾小時候熱衷於集郵，他透過中間商購買郵票時，總會納悶：「為什麼買郵票還要付錢給那些人？」後來，戴爾未透過中間商，直接售出郵票，賺了兩千美元。

於是，他從該經驗中學到，若不透過中間商，他能夠獲利更多；他也意識到，只要有一個可用的點子，他就能夠賺錢。這個想法成為戴爾電腦「直接銷售」模式的始祖，也為資訊公司帶來了創新的營運方式。

戴爾電腦剛成立時，產品之所以如此便宜，原因很簡單：戴爾會四處尋訪電腦賣場，大量的低價購入庫存剩餘的舊型電腦，也就是所謂的清倉商品。接著，戴爾不會直接轉售那些電腦，而是拆解電腦的各個部件，將其升級為客戶想要的規格，再售出電腦。

這項事業的出發點，就是「客戶下單後再開始生產」這個妙想。這樣的銷售模式使戴爾能降低庫存壓力、排除中間利潤、將利潤分給客戶，並且生產客製化的產品。另一項特點是，大膽的委外生產：除了必須由自家經手的部分之外，從生產、技術開發到售後管理，戴爾幾乎將所有流程都外包出去，徹底採取外包的經營模式。一九八〇年代中期，戴爾開始使用這種方法時，還沒有人想過這種可能。

懷著一個點子，十八歲的戴爾在大學宿舍裡，以一千美元起家，成功創造了風靡整個時代的品牌——戴爾電腦。

半導體之王英特爾，為何放棄賣到翻的商品？

英特爾（Intel）在全球的微處理器（CPU）市場上，一直以來都位居第一。其創辦人安德魯・葛洛夫（Andrew Grove）是生於匈牙利的猶太人，幼時躲過納粹大屠殺，在一九五七年，二十一歲的他帶著僅僅二十美元，獨自流亡美國，胼手胝足的努力打拚，最終獲得成功，堪稱一名傳奇人物。

英特爾的成功故事其實頗為單純。葛洛夫大膽放棄經營良好的DRAM記憶體（按：一種半導體記憶體，中文稱作「動態隨機存取記憶體」，簡稱DRAM）業務，轉而專注於研發微處理器，便獲得了成功。

在一九八〇年代，人們普遍認為英特爾就是DRAM的代名詞。其實，DRAM正是由英特爾開發而出的，在市場上也保持著壓倒性的領先地位。從來沒有人想過，英特爾有一天會拋下DRAM。

然而，察覺到危機的葛洛夫，果斷放棄了當時公司的主力商品DRAM，轉而提出「英特爾＝微處理器」的願景，全力投入研發被譽為「電腦的大腦」的微處理器。

葛洛夫放棄了原有的利益，冒著賠掉整間公司的風險，將現有資源投入前景不明的領域，改變業務方向。英特爾當時現有的八家DRAM工廠中，有七家改為生產微處理器。初期不僅出現龐大赤字，還忍痛關閉兩間工廠，送走七千兩百名員工。不過，葛洛夫的預言是正確的。一九九二年，英特爾躍升微處理器市場的領導者，造就第二個鼎盛時期。葛洛夫之所以能成為偉大的領導者，最重要的原因就在於，他預先洞察了未來的變化。

葛洛夫在著作《10倍速時代》（*Only the Paranoid Survive*）中指出，執行長應該對未來的變化保持高度的敏感性。

「想在激烈的競爭中勝出，要先確立方向，並朝著它全速前進。倘若視線飄移到他處，注意力便會下降，導致失敗。」這就是葛洛夫的經營理念。能夠同時感知危機，並且看出未來的潛力，實在很了不起。

葛洛夫常說：「要多聽卡珊德拉（Cassandra）的話。」卡珊德拉是希臘神話中的先知，又被稱為「預言不幸者」，能夠比一般人更快注意到變化的跡象，並警告世人。葛洛夫認為，組織內部也該有卡珊德拉的存在。因此，他打造出允許員工暢所欲言的組織文化，甚至連批評都很歡迎。

葛洛夫很著名的一點是，他沒有僱用私人司機，而是與員工平起平坐，以先到先得的方式停車，辦公室大小也與一般員工相同。他認為，好的點子不會因為一個人的職位高就出現，而且，職位和想法不同的員工聚在一起時，更能做出正確的決定。這樣的想法，真的很「猶太」。我會在第二章，針對猶太人的行事風格做更多解釋。

憑著智慧財產權賺錢，高通躺著賺

無線電通訊技術研發公司高通（Qualcomm）的創始人厄文．雅各布（Irwin Jacobs）也是猶太人，曾任麻省理工學院教授。高通開發的CDMA（分碼多重進接）技術，在一九九九年被指定為無線通訊技術的國際標準，公司股價從二十五美元飆升至五百二十美元，漲了二十倍。此後，僅憑每年收取的專利費，高通就長成一間龐大的公司。

雖然高通也生產晶片，但整體而言，它是一間憑智慧財產權賺錢的公司。雅各布如同一名教授，非常注重團體的價值，不斷激發員工的創意，再將員工的成果商業化，轉換為智慧財產權，當作公司的事業基礎。事實上，高通由七千個實驗室組成，在超過一百億美元的年營業額中，利潤約占三〇％。

一九九二年，GSM標準（按：當今應用最為廣泛的行動電話標準，又稱全球行動通訊系統）在歐洲達成商業化。翌年，日本的PDC（按：由日本開發及使用的2G行動電話標準）、美國的TDMA（按：另一種2G行動電話標準，又稱分時多工接取）及CDMA，也開始為了商業化而展開激烈的競爭。後來，韓國選擇高通的CDMA作為韓國唯一的行動通訊標準，這對高通起了關鍵的作用。

到了一九九六年，韓國SKT公司與高通聯手，一起開發原本僅是實驗室等級的

ＣＤＭＡ技術，成功成為最早商業化的通訊技術。後來，韓國迅速發展為手機生產大國，高通有三分之一的營業額都來自韓國。要說韓國是高通的最大市場，且造就了今日的高通，一點也不為過。

把黑白報紙變網路終端，彭博成為億萬富翁

麥克．彭博（Michael Bloomberg）的神話始於一九八一年，彭博被所羅門兄弟（按：大型投資銀行，現為花旗環球證券）解僱之後。對猶太人而言，危機就是轉機，彭博在此時，注意到了資訊的重要性。

當時，大型證券公司都是用土法煉鋼的方式蒐集資訊；想了解三週前某日的股票交易行情，還得在《華爾街日報》（*The Wall Street Journal*）中一一查找。

彭博相信，只要打造出可即時查看金融市場數據的終端，肯定會很受歡迎。為了實現夢想，彭博踏上了創業之路。

▲彭博僅憑終端，便成為億萬富翁。

於是，他將所有投資相關資訊放入電腦，人們只要透過終端，就可以隨時查看。本著想迅速傳遞投資相關消息、新聞和過去股票行情的想法，彭博成為了億萬富翁。

目前，彭博有限合夥企業旗下有超過一萬九千名員工，包括兩千七百名特派員，每天在一百二十個不同國家，提供多達五千條的新聞和資訊，而全球有三十二萬名客戶，正透過彭博終端接收訊息。

彭博旗下也擁有各種媒體，包含二十四小時不間斷播送的彭博電視、彭博電臺、寫給專業投資人的《彭博商業周刊》（*Bloomberg Businessweek*）、彭博新聞社及官方網站。

一九九二年，彭博進入韓國，目前有一百三十多間金融機構正在使用彭博終端。截至二〇二〇年，彭博的個人資產達四百八十億美元，於《富比士》全球富豪榜中，排行第十六名，還曾是成功連任三次的紐約市市長。

一九九六年，我擔任大韓貿易投資振興公社副社長時，曾經拜訪過彭博，他當時是彭博新聞社的社長。

不過，他沒有個人辦公室，而是與員工一起在辦公室辦公，還親自接待我們。他不僅親自簡報，還帶我們參觀公司，親切說明細節。當時我既驚訝又不解，直到研究了猶太人的歷史和價值觀後，才總算解開背後的原因。

資訊業的代表人物，都是猶太人

事實上，在資訊及通訊產業中，許多代表性人物都是猶太人：擔任迪士尼公司執行長多年的麥可．艾斯納（Michael Eisner）、二〇〇一年成為雅虎執行長的電影業巨頭特里．塞梅爾（Terry Semel）、曾是美國最高年薪執行長的蓮花軟體公司創辦人米奇．卡普爾（Mitchell Kapor），以及於一九九九年出售網路電臺公司 Broadcast.com，得到數十億美元後，買下美國職籃球隊達拉斯獨行俠的馬克．庫班（Mark Cuban）。

另外，網路巨頭北電網路（Nortel Networks）的前執行長約翰．羅斯（John Roth）、擔任康柏電腦（Compaq）執行長多年的班傑明．羅森（Benjamin M. Rosen）、跨國際綜合技術企業思科系統（Cisco）的創辦人桑德．勒納（Sandy Lerner），以及創辦了 Paypal 與 Yelp 的馬克斯．列夫琴（Max Levchin），都是引領資訊業發展的猶太人。

不只在創業大國以色列，連在矽谷，許多重要的領導者都是猶太人。若要談 IT（資訊科技）業的歷史，就不可能不提到猶太人。[2]

2 好創意，就是只超出觀眾期望一點點

猶太人不僅主導著資訊業，也主宰著電影業。電影業是創意與想像力的結合，也驗證了阿爾伯特．愛因斯坦（Albert Einstein）所說的這句話：「想像力比知識更重要。」不過，過於前衛的創意與想像力容易讓觀眾感到疲乏。因此，真的能吸引觀眾的電影，大多是只超出觀眾的期望值一點、讓觀眾感到一定程度驚奇的電影。

美國電影業的規模十分龐大，僅從業人員就多達五十萬人，為美國五大產業之一，也是具有高附加價值的產業。二〇〇九年上映的 3D 電影《阿凡達》（*Avatar*）在全球引起轟動，淨利潤多達三十億美元，《阿凡達》清楚展現了人類的創意與想像力能帶來的文化產業威力。

電影業，因猶太人而誕生

美國電影業一開始就是憑著猶太人的資金與技術而誕生，由猶太人製作，並受到猶太政治家的支持。即使是現在，美國的電影業和演藝圈依然是猶太人的天下，猶太人的表現格

外亮眼。

背後的必然原因是，促成電影業誕生的人就是猶太人湯瑪斯・愛迪生（Thomas Edison）。他將自己發明的留聲機和電影（motion picture）結合，創造出每秒四十八幀的動畫攝影機。後來，在一八八八年，愛迪生提出了活動電影放映機（Kinetoscope）的概念，讓人可以透過一個小窗口，觀看以拍攝出的底片製成的短片，片長通常為二十至三十秒，含有接吻、拳擊或脫衣舞等刺激性的內容。

此後，愛迪生推出可以讓多人同時觀看的維太放映機（Vitascope），為人類創造出「電影」這個新的事物。當時，那些在愛迪生製片廠裡觀看「電影」的人們，全都驚異得合不攏嘴。

不久，全球首座電影製片廠於紐澤西誕生。接著，紐約與紐澤西到處可見猶太人經營的電影院。隨著大眾對於電影的興趣快速增加，美國各地都開設了電影院，僅需五美分就可以進場看電影，光在一九〇八年，就出現了多達四百家電影院。

由於票價只需要五美分，加上數百部為大眾製作的短片都是無聲的，電影從一開始便受到工人階級的喜愛。大多數的電影愛好者是貧窮的移民，不懂英語。對於同為移民的猶太人而言，這為他們的電影事業提供了一個理想的環境。而隨著猶太人變得越來越富有，他們也開始投資電影製作；有時不僅純粹投資，也參與製作過程。

猶太人很擅長從一開始就壟斷具有發展性的產業。例如，由愛迪生創立的電影專利公司（Motion Picture Patents Company），不斷為他們研發的拍攝技術註冊專利權，嚴重壟斷整個電影市場。而且，唯有取得電影專利公司的授權，才能夠拍攝電影。

美國七大電影公司，有六家是猶太人成立

不過，抵制這個狀況的也是猶太人。一九一〇年，一些猶太裔製片人為了擺脫愛迪生的牽制，開始移往美國西部，讓發源於紐約和紐澤西的電影業因而發展至西部。猶太人的開拓精神是其中的重要因素，因為他們試圖擺脫電影製作的既有慣例。接著，許多談論歐洲猶太人苦難史和激發美國夢的電影大受歡迎，位於美國西部的好萊塢逐漸主導了整個電影產業。到了一九一二年，電影製作公司已達一百多家。

▲ 好萊塢是當今全球電影市場的重心。

後來，猶太人挺身而出，將因經濟蕭條而陷入困難的電影製作公司合併，整合出七大電影公司。其中，卡爾．拉姆勒（Carl Laemmle）於一九一二年成立的環球影業，以及派拉蒙影業、二十世紀福斯、米高梅、華納兄弟和哥倫比亞影業，這六家皆是由猶太人成立。

此外，迪士尼影業雖不是由猶太人所創立，但歷屆的管理者也大多為猶太人。一九三六年的某項調查顯示，當時好萊塢的八十五名製片人之中，多達五十三名為猶太人。而成立於一九九四年，作為電影公司巨頭之一的夢工廠電影公司（DreamWorks SKG），其三位創辦人——史蒂芬．史匹柏（Steven Spielberg）、傑弗瑞．卡森伯格（Jeffrey Katzenberg）、大衛．葛芬（David Geffen），也都是猶太人。

美國西部之所以能超越東部，成為電影業的聖地，有三個主要原因：一、西部日照充足且少雨，更有利於電影拍攝；二、西部有許多未加入工會的廉價勞工；三、當時西部片正好蔚為風潮。

卓別林首創無聲電影，做別人不敢做的事

查理．卓別林（Charlie Chaplin）是早期好萊塢電影界最著名的猶太演員，也是二十世紀初「無聲電影時期」的重要人物。他經常穿著窄小的外套與特大的長褲，扮演一名希望成

為紳士的流浪漢。卓別林的電影皆沒有聲音，因此能打破語言的隔閡，引發所有人的共鳴。

當時，來自世界各地的美國移民，都因來自倫敦、同為移民的卓別林而瘋狂。卓別林不僅是演員，也擔任電影導演和製片人。蕭伯納（George Bernard Shaw）曾經將卓別林評為「電影界的唯一天才」。

然而，當麥卡錫主義（McCarthyism，在一九五〇年代席捲美國的保守派反共主義）的狂風席捲美國時，卓別林也無法倖免於難。當時，因麥卡錫主義而受害的人數多到難以估計，而且猶太人受到的傷害尤其嚴重。光是在電影界，就有三百多名演員、編劇與導演被列入好萊塢黑名單，因而被解僱或不得已的離開演藝圈。

由於許多猶太裔的知識分子都表現得非常優秀，因此勢必會成為麥卡錫主義人士的打壓對象。除了卓別林以外，編劇亞瑟．米勒（Arthur Miller）、作曲家李奧納德．伯恩斯坦（Leonard Bernstein），及詩人兼編劇貝托爾特．布萊希特（Bertolt Brecht），都是藝術界的著名受害者。

卓別林因拍攝《摩登時代》（*Modern Times*）及《大獨裁者》（*The Great Dictator*）等具社會批判性的電影，因而被扣上共產主義者的帽子。除了他的電影被

▲蕭伯納曾將卓別林評為「電影界的唯一天才」。

禁止上映之外，在某次出國宣傳電影時，卓別林想再入境美國卻遭拒，無異於強制驅逐。因此，他舉家遷居瑞士，一直到一九七二年，為了領取奧斯卡榮譽獎，卓別林才時隔二十年，再度踏上美國的土地。

導演、製片、演員，好萊塢的巨頭都是猶太人

除了卓別林以外，還有無數位優秀的猶太裔演員、導演和製片人，而在現今好萊塢的電影工作者之中，最為人知的肯定是史蒂芬·史匹柏。史匹柏以電影《大白鯊》（*Jaws*）擄獲世人的目光之後，從此聲名大噪。其早期的科幻片與冒險動作片，例如《E.T. 外星人》（*E.T. the Extra-Terrestrial*）和《法櫃奇兵》（*Raiders of the Lost Ark*），不僅是票房冠軍，也被認為是當今好萊塢賣座大片的原型。

五十多年來，史匹柏的電影作品橫跨諸多主題與類型，且同時獲得驚人的票房成績。《E.T. 外星人》以七億九千萬美元的票房榮登全球電影票房冠軍後，他又以另一部作品《侏羅紀公園》（*Jurassic Park*）九億一千萬美元的票房，打破自己的紀錄。包含《大白鯊》在內，他總共有三部作品打破全球票房紀錄，至今無人能夠超越。此外，史匹柏的作品也具有很高的藝術價值，他分別以《辛德勒的名單》（*Schindler's List*）及《搶救雷恩大兵》

（*Saving Private Ryan*），奪得一九九三年及一九九八年的奧斯卡最佳導演獎。

目前，好萊塢的電影製作公司大多仍由猶太人主導，猶太裔導演也不在少數，除了史匹柏之外，也包含伍迪・艾倫（Woody Allen）、奧利佛・史東（William Oliver Stone）、史丹利・庫柏力克（Stanley Kubrick）、羅曼・波蘭斯基（Roman Polanski）、巴瑞・李文森（Barry Levinson）、薛尼・波勒（Sydney Pollack）、米洛斯・福曼（Milos Forman）、麥克・尼可斯（Mike Nichols），以及班・史提勒（Ben Stiller）。

好萊塢的成功關鍵——猶太人擅長合作與分工

電影具有非常大的文化影響力。全球各地上映的電影之中，有一半以上都是好萊塢的電影。好萊塢電影對於各地人民的思想與文化生活具有絕對性的影響。

不斷輸出「美國人精神」的好萊塢，主要由猶太人的人脈網路所組成。如今，活躍於好萊塢的編劇、製片人與導演之中，有六〇%以上都是猶太人。若沒有猶太人從旁施力，在選角、籌措資金和銷售劇本等各方面的工作將難以推動。因此，若要在好萊塢獲得成功，你必須擁有強大的猶太人脈。

好萊塢最具有影響力的群體是猶太人，這並非巧合。因為，好萊塢從一開始就是由猶太人開創的。至今，猶太人的影響力依然遍及好萊塢的各個角落。

猶太人為何能在好萊塢電影圈裡如此成功？首先，對於具有豐富創意與想像力的猶太人而言，電影是一個完美的媒介，也是一個能夠賺錢的事業；再者，猶太人具有強大的合作精神與人脈網路，擅長合作與分工，而電影正是一個需要分工合作的行業。

猶太人分別在各自的崗位上，擔任製片人、編劇、導演、演員、作曲家、發行人和電影院創辦人，不斷累積實力，共同造就出電影這一門新興的「綜合藝術」。猶太人各自發揮其特長的同時，也逐步掌握了電影產業的所有環節，因而擁有如今具壟斷性的地位。[3]

3　一站購足的百貨概念，猶太人是怎麼想到的？

在百貨零售業的發展歷程中，猶太人發揮了「**以客戶為導向**」的創意。一八〇〇年代，從歐洲移民至紐約的猶太人非常貧窮，大多從事三D工作（危險dangerous、困難difficult、骯髒dirty）。很多人聚居於曼哈頓東部的出租房中，做著條件差的紡織活。

當時，三分之二的猶太工人都從事紡織業，每天從清晨工作到深夜，男子的工錢為六美元，女子的工錢為三至五美元。至於經商的猶太人，也因為缺乏資金，大多只能銷售廉價的商品。

以客戶為導向，賣布攤變百貨店

自古以來，猶太人在經商方面就獨具創意。猶太商人經常在籌措到一定的資金後，發揮出「顧客導向」的創意。以往，商人僅銷售單一品項，或者頂多銷售如雜貨、配件、廚房用具或紡織品等專門品項。但是，為了讓客戶更加方便，猶太人在自己的攤子上同時銷售多種品項，成為品項多元的百貨零售商；之後，隨著銷售品項越來越多，他們開始用大型貨車來載運及陳列商品，在當時這可是一項創舉。對於必須等待販賣不同商品的商人到來的客戶而言，能夠一次購買所有需要的品項，實在是太方便了。

隨著規模逐漸擴大，商品多到連大型貨車都難以載運。這時，猶太人又開始思考：是否可以在同一處銷售更多品項？客戶如果可以在某個地方一次購足各種物品，當然再好不過。於是，原本四處移動的百貨零售商，在規模擴大之後，便改為開設大型的百貨零售店，同時銷售多種物品。

一八五〇年起，開始出現利用隔板，將商品分區陳列的經營模式，即所謂的「布製品店」（dry goods store），日後則演變為現代化的百貨公司。

大多數百貨公司，都由猶太人經營

此後，隨著各業者之間的競爭加劇，追求商品的高檔化與多元化，百貨零售商店逐漸演變為百貨公司，目標在於提供多樣商品以及一站式購物服務，也就是「顧客導向」的經營模式。

當時，美國正好歷經資本主義興起，進入成長階段，鐵路及郵政系統等各項社會基礎建設皆逐漸完備。在快速的都市化進展過程之中，大眾運輸系統及公共廣告也日益發達，間接推動了百貨公司的興起。

最早出現的百貨公司，是一八五八年成立於紐約的梅西百貨（Macy's），而梅西百貨的成功，使考夫曼（Kaufmann）一家三兄弟於一八七一年，在匹茲堡創立了考夫曼百貨公司（Kaufmann's）。此後，猶太人紛紛於各大城市開設百貨公司，具代表性的為舊金山的想像百貨（I. Magnin）、波士頓的飛林百貨（按：Filene's，被梅西百貨併購，於二〇〇六年，飛林百貨名稱皆更換為梅西百貨）、密爾瓦基的金貝爾百貨（Gimbels），以及紐約的梅西百貨和奧特曼百貨（B. Altman and Company）。

在紐約，有很多猶太人由小商店起家，後來變成大型百貨公司；來自巴伐利亞的布魯明黛（Bloomingdale）於一八六一年由服裝店起家，之後在一八七二年，於紐約開設紡織品百貨。到了一八八八年，位於美國東岸的員工總數已成長至一千多名，奧特曼百貨的員工則多達一千六百名。

一九〇〇至一九二〇年代之間，許多百貨公司開始發展且變得興盛，班伯格百貨（Bamberger's）、尼曼馬庫斯百貨（Neiman Marcus）等猶太人所開設的大型百貨公司，於美國各地都設有分店。後來，猶太裔的史特勞斯兄弟（Isidor & Nathan Straus）收購了梅西百貨。此外，史登百貨（Stern's）及位於紐約布魯克林的 A&S 百貨（Abraham & Straus）等大多數百貨公司，都是由猶太人所經營。

猶太經商原則：「尊名為聖」與「標價制」

「你們施行審判，不可行不義；在尺、秤、升、斗上也是如此。要用公道天平、公道法碼、公道升斗、公道秤。我是耶和華——你們的上帝，曾把你們從埃及地領出來的。」——《利未記》第十九章三十六節

猶太人經商時，遵循尊名為聖（Kiddush Hashem）的原則，也就是「不可玷汙名字」。不僅自己和家人的名字，同胞的名字也不可玷汙。

這項原則同時指出了商人不可以做的三件事：一、不可誇大宣傳；二、不可囤積居奇；三、秤量時不可欺騙。

自《米書拿》（*Mishnah*）及《塔木德》的時代起，猶太社會就設有一名監督秤量的官吏。而且，夏季和冬季會使用不同的準繩來度量，因為準繩的長度會隨著氣候而產生變化。一位名叫拉巴拉的拉比曾言，人上了天堂後，面對的第一個問題就是：「你是一個正直的交易者嗎？」

猶太人經商時，總是謹記尊名為聖的原則，因此他們鮮少欺騙對方。不過，他們認為「買低賣高」並不是欺騙，而是一種經商技巧。經營百貨公司的猶太人一開始便是透過這個

方式經商，藉由大量買入，將價格壓得更低。然而，後來競爭變得更激烈，業者競相以更便宜的價格出售，導致各方皆輸。於是，百貨公司開始實施「標價制」。

猶太人經商時，也會想著：「猶太人是一體的，必須團結才能夠生存。我們是走在同一條路上的人。」因為猶太人從小就聆聽這樣的故事：如果是一根蘆葦，孩童也能輕易折斷；但如果是一捆蘆葦，再強壯的人也折不斷。

遵從《塔木德》的教導，猶太商人始終只銷售品質良好的商品。而且，如果買家發現瑕疵、前來投訴，無論何時，賣家都會予以換貨或退款。此外，買家有權在一週內將購買的物品展示給鄰居或專家，並聽取他們的意見；倘若買家認為自己購買不當，則可以退貨。這是因為，當買家不了解自己購買的物品時，他不可能在購買的當下立即判斷該商品是否合適。因此，根據《塔木德》，買家永遠優先於賣家。[4]

不滿意就退款，讓百貨目錄印量只輸《聖經》

後來，百貨公司開始發展出郵購服務。西爾斯百貨（Sears）為其中之一，其創辦人雖然不是猶太人，但是，讓公司成長的關鍵人物卻是猶太人。美國現代管理學之父彼得・杜拉克（Peter Drucker）曾言：「壯大西爾斯百貨的人，不是創辦人理查・沃倫・西爾斯

（Richard Warren Sears），而是久武利厄斯·羅森沃德（Julius Rosenwald）。」

為了衝高廣告量，西爾斯百貨舉辦了瑕疵品的清倉拍賣。然而，嘗到短暫的甜頭後，銷售卻停滯不前。為了扭轉頹勢，西爾斯找來一名專業經理人：從事服裝銷售、才氣十足的羅森沃德。一八九五年，羅森沃德成為西爾斯百貨的股東，加入經營團隊，並引進了創新的銷售模式。

羅森沃德將目標鎖定於農村。他認為，雖然單一農民的購買力很低，但美國勞動人口一半以上都是農民，全體農民的購買力是很可觀的。他的五項創新為：系統化的商品企劃、發行郵購目錄、可以無條件退款、建立自己的工廠，以及按照功能來劃分組織部門。從此以後，美國的百貨公司開始實行「無條件退款」政策。

在那之前，一直以來的商業慣例是，如果商品出現瑕疵或購買商品後不滿意，買方需自行承擔風險。但是在西爾斯百貨實行「無條件退款」政策之後，變成由賣方去承擔風險。這就是西爾斯百貨著名的銷售政策：「顧客不滿意，隨時可退款。」此後，**羅森沃德成為「零售革命之父」**，在美國經濟成長的歷程中扮演了重要角色。

創新的結果非常驚人，西爾斯百貨的營業額由七十五萬美元躍升為五千萬美元。其郵購目錄上甚至寫道，**它是全世界第二普及的印刷品，僅次於《聖經》**。郵購目錄每週寄送一次，大小相當於電話簿，收錄超過二十萬種商品，是一般店家商品陳列數量的一千倍，價格也很便宜。而且，無論是怎樣的窮鄉僻壤，都能免費送到府。

但，創意不僅止於此。一九〇五年，西爾斯百貨發展出「病毒式行銷」的最早案例之一。他們向愛荷華州的優質客戶寄送信件，請客戶列出希望寄送郵購目錄的二十四名親友名單，百貨便會寄送郵購目錄給他們；如果那些人訂購了商品，介紹人將收到烤爐、自行車或縫紉機等贈禮。

「病毒式行銷」是一種行銷方式，指讓知名度像電腦病毒一樣快速傳開，達到宣傳效果。這種方式果真如其名，讓西爾斯百貨的知名度迅速上升，業績一飛沖天。由於訂單暴增，他們必須興建單獨的郵購倉庫和辦公大樓，大樓於一九〇六年落成，規模宏大，建坪達八萬四千坪。一九〇八年，羅森沃德開始擔任總裁。

西爾斯百貨在一九二五年設立Allstate品牌，開展輪胎業務，並於一九三一年設立汽車保險業務。其第一家零售店於一九三四年開業，營業額甚至勝過郵購業務。

第二次世界大戰後，營業額暴增，在一九四五年高達十億美元，一年後更翻漲一倍。此後，西爾斯百貨穩居美國最大零售商的地位，直到一九八〇年總營業額被凱馬特公司（Kmart）超越為止。

▲零售革命之父羅森沃德，使西爾斯百貨成為美國最大零售商。

綜合度假購物中心的時代

綜合度假購物中心早已成為先進國家的零售業發展主流，因為隨著個人收入水平提高，自然出現越來越多能夠一次滿足購物、用餐、欣賞表演和度假等需求的複合式建築。引領這種風潮的人是猶太人謝爾登．阿德爾森（Sheldon Adelson），後面我們將進一步探究（按：請見第五十四頁）。至於主導此類建築設計的，則是猶太裔建築師丹尼爾．里伯斯金（Daniel Libeskind）。

里伯斯金不僅是紐約世界貿易中心重建計畫的主設計師，也是拉斯維加斯城中城，以及歐洲最大的購物中心——西區購物休閒中心（Westside）的設計師。

坐落於瑞士伯恩的西區購物休閒中心，特點是擁有一座占總面積二〇％的水上樂園兼大型水療健身中心，提供室內及戶外游泳池，含甲板、按摩浴缸、羅馬式浴場，以及水下聽音樂的設施。如今，這類綜合度假購物中心的營業額正逐漸超越百貨公司。

4 致富的第一步，你得先有個夢想

旅遊業並不是一定得仰賴得天獨厚的自然資源、祖先遺留下來的文化遺產，才能夠蓬勃發展。看看建立在沙漠上的拉斯維加斯，或建立在溼地上的奧蘭多迪士尼世界，它們凸顯出人類的創意，能夠為旅遊業的興盛帶來多麼重要的作用，而實現這一點的正是猶太人。

賭城第一間賭場飯店，由猶太黑手黨所建造

從加州到內華達州的路上，會行經莫哈韋沙漠，而拉斯維加斯市就坐落其中。一九四六年，全球第一間現代賭場飯店，火鶴飯店（Flamingo Las Vegas）在拉斯維加斯的沙漠中開業。事實上，火鶴飯店是第三間出現在拉斯維加斯的飯店，卻是第一間擁有現代化賭場設施的豪華飯店。在一片沙漠之中開設如此豪華的飯店、展望拉斯維加斯未來的人，是猶太人巴格西．西格爾（Bugsy Siegel）。

十九世紀，美國的黑手黨主要由猶太人和愛爾蘭人主導，後來義大利人也逐漸加入。西格爾是貧窮的俄羅斯猶太人之子，從小過著街頭犯罪分子的生活，並加入了黑手黨。

一九三〇年代，主宰紐約黑社會的猶太黑手黨派遣西格爾前往洛杉磯，以奪得西岸的主控權。於是，西格爾在一九三七年前往洛杉磯，任務是建立一個掌控西岸娛樂區的幫派。

一九四〇年代初，西格爾在前往紐約與東岸的黑手黨協商的途中，短暫停留於拉斯維加斯。當時，拉斯維加斯是沙漠中的一座破舊小鎮，只有一間供沙漠勞工居住的住所、一間兼作賭場的酒吧，和兩、三間小旅館，總人口只有八千人。

然而，西格爾的腦海中卻浮現出拉斯維加斯的大好未來。他堅信，如果在這片沙漠中建造一間賭場飯店，將創造可觀的長期收益；而且，有許多車輛行經這座沙漠，拉斯維加斯必將成為沙漠中的一座綠洲。西格爾預見了一個結合酒、賭博及女人等元素的娛樂特區，因此決定在拉斯維加斯建造大型賭場飯店。

他說服了對該計畫心存懷疑的組織高層，借出六百萬美元，並興建火鶴飯店。然而，開業初期，飯店的生意冷清無比，因為當時拉斯維加斯並不像現在這樣繁榮，因此業績不佳。一九四七年六月，西格爾在比佛利山莊的一處宅邸中，遭受數十發的槍擊，當場斃命，據傳是紐約的黑手黨所為。一九九一年，猶太裔導演李文森將西格爾的生平拍成電

▲ 火鶴飯店是拉斯維加斯第一間擁有現代化賭場設施的豪華飯店。

影《豪情四海》（*Bugsy*）。

然而，如同西格爾所預見，賭場變成賺錢方式後，猶太黑手黨開始湧入拉斯維加斯。拉斯維加斯能夠發展成一座賭博之城，猶太黑手黨扮演了很重要的角色。於是，沙漠中的一座小鎮產生了翻天覆地的變化，成為賭場和大型集會的重鎮。

一九五〇年代，拉斯維加斯開始出現飯店與賭場的熱潮，各大業者開始鑽研如何讓顧客停留得更久。他們開始思考，如何讓顧客用餐的需求不被外面的餐館搶走，而解決方法就是「自助餐」，自助餐能夠一次提供顧客想要的所有餐點。

自助餐最早是維京人的飲食形式。但是，隨著拉斯維加斯的賭場飯店開始開設自助餐餐廳，這種飲食形式逐漸傳遍世界各地，如今已十分常見，深受人們喜愛。

買賣有創意，沙漠小城也能變世界賭城

在西格爾之後，第二個重要人物是柯克．科克萊恩（Kirk Kerkorian），他讓這座沙漠中的小城躍升為宛如大型度假村的賭博之城。

亞美尼亞裔的猶太人科克萊恩，在八年級那年輟學之後，成為了一名業餘拳擊手，一度獲得業餘沉量級（welterweight）的冠軍。但一九三九年某日，他偶然登上一架輕型飛機

後，便迷上了飛行。此後，他開始替一名飛行教官照顧牛隻和擠牛奶，以獲得免費的飛行訓練。成功考取飛行員執照後，更累積了不少的財富。

一九四四年，科克萊恩第一次飛到拉斯維加斯。一九四七年，他以六萬美元成立名為傳斯國際航空（Trans International Airlines）的航空公司，載運從洛杉磯飛到拉斯維加斯的賭客。此外，他亦貸款投資飛行燃料與已退役的轟炸機，賺得大把鈔票。

一九六二年，科克萊恩買下賭城大道（Las Vegas Strip）上八十英畝的土地（按：約為九萬坪）。後來，凱薩宮酒店（Caesars Palace）就在賭城大道上落成。凱薩宮酒店是一間以羅馬帝國為主題的豪華飯店，意在讓顧客享受如同羅馬皇帝般的禮遇。由於凱薩宮酒店大受歡迎，此後，拉斯維加斯的飯店都跟著強調特定的主題，而科克萊恩所擁有的土地也成為拉斯維加斯最熱門的地帶。

一九六七年，科克萊恩以五百萬美元買下天堂路（Paradise Road）上八十二英畝大的土地；隔年，再以九百萬美元售出賭城大道上的土地。後來，科克萊恩以一千兩百五十萬美元買下西格爾創立的火鶴飯店，並在一九六九年以六千萬美元賣給希爾頓全球酒店集團（Hilton Worldwide Holdings Inc.），該筆錢則用來建造當時全球最大的飯店——國際飯店（按：創立初期名為 International Hotel，現在改名為 Westgate Las Vegas）。

國際飯店開業初期，為了吸引客人，科克萊恩做了新的嘗試：開辦大型表演秀，邀請貓王艾維斯・普里斯萊（Elvis Presley）及猶太歌手芭芭拉・史翠珊（Barbra Streisand），每天在飯店裡演出。驚人的是，有演出的一個月內，每天有四千兩百名客人蜂擁而至，這成為了拉斯維加斯賭場表演秀的先河。生意穩定後，科克萊恩又以一億美元將飯店賣給希爾頓全球酒店集團。

同一時期，科克萊恩在一九六八年以一億四百萬美元售出名下的航空公司，隔年買下米高梅電影公司四〇%的股份，並以米高梅之名，在拉斯維加斯興建了米高梅大飯店（MGM Grand Hotel and Casino），建築規模超越帝國大廈。

一九八一年，科克萊恩以三・八億美元買下聯藝電影（United Artists Releasing），並在一九八六年以十三億美元賣給一間義大利公司，積累了大量財富。同年，以將近六億美元的價格，他將米高梅大飯店賣給貝里集團（Bally Manufacture，現更名為Bally Entertainment），並更名為貝里飯店（Bally's Las Vegas）。

此後，科克萊恩也興建了多家著名的賭場飯店，百樂宮酒店（Bellagio）、紐約–紐約酒店（New York-New York Hotel & Casino）、馬戲

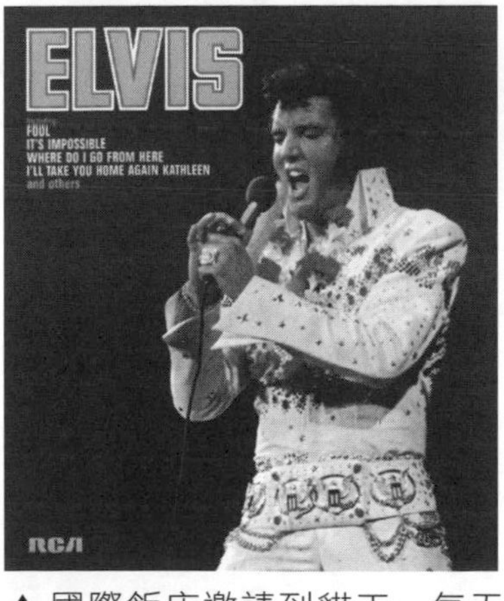

▲ 國際飯店邀請到貓王，每天吸引4,200名客人蜂擁而至。

團酒店（Circus Circus Las Vegas）、樂蜀酒店（Luxor Hotel）、石中劍酒店（Excalibur Hotel and Casino）和金銀島酒店（Treasure Island）都是他的傑作。

若說今日的拉斯維加斯是他建造出來的，一點也不為過。他天生就知道何時該買、何時該賣。後來，他成為了一名公司購併客（corporate raider）。

從世界賭場，到會展觀光之都

接著，前面提到的猶太人，阿德爾森，將拉斯維加斯從賭博享樂之城變成了會展商務之城。如此空前絕後的想法誕生於一九七一年，當時，阿德爾森正在經營一間電腦雜誌社，他認為，他的雜誌社可以舉辦一場電腦展。

阿德爾森立即採取了行動。一九七九年，全球最大的電腦展COMDEX（Computer Dealer's Exhibition），第一屆便舉辦於拉斯維加斯的米高梅大飯店（按：現為貝里飯店），每平方英尺的參展場地租借費用為五十美元，門票為十五美分，創造出極高的收益。

獲得成功之後，COMDEX開始在美國其他城市、歐洲和日本等地舉辦，甚至一度是全球最大的展覽（按：COMDEX於一九九〇年代後期達到巔峰，僅於一九九八年，便在世界各地舉辦了二十二場展覽；此後，COMDEX參展人數逐漸減少，在二〇〇六年後正式消聲匿跡）。

阿德爾森的父親是一名計程車司機，從烏克蘭移民到波士頓。阿德爾森的童年過得十分貧困，與父母及四個兄弟姐妹同住在一間套房。

十二歲那年，他從伯父那裡借來兩百美元，在波士頓開設兩個書報亭，從此踏入商業的世界。

之後，他陸續經歷了五十多種不同的工作，包含糖果店、冰淇淋店、速記員、貸款經紀人、投資顧問、旅行社與創業投資家。

最後，他在賭博享樂之城拉斯維加斯開辦首個大型展覽COMDEX，搖身成為巨富。這就是創意的力量。

原本，拉斯維加斯只充斥著大同小異的飯店和賭場。但一九五九年，一間由政府主導的會展中心落成了。之後，阿德爾森為了舉辦COMDEX，於一九八九年，在拉斯維加斯建造了第一間由私人企業主導的會展中心。

阿德爾森將COMDEX的規模擴大後，在一九九五年以八．六億美元的價格賣給日本的軟銀集團。阿德爾森是讓拉斯維加斯除了博弈業和旅遊業之外，更發展出會展產業的關鍵人物。

而造就今日拉斯維加斯的人——西格爾、科克萊恩、阿德爾森，都是猶太人。

辦會展、蓋迪士尼，都是用廢棄地

阿德爾森的最大成就是首度引進「複合式度假村」的概念，使拉斯維加斯搖身成為會展產業的重鎮。所謂會展產業（MICE Industry），是會議（Meetings）、獎勵旅遊（Incentives）、大型會議（Conventions）及展覽（Exhibitions）的縮寫。

拉斯維加斯的複合式度假村兼具商務及休閒娛樂設施，不僅設有飯店和會展中心，還擁有大型購物中心、表演廳、博物館、賭場及環球影城，讓顧客無論是來參加會議或家庭旅行，都能享有最好的服務。簡言之，就是將所有服務都聚集在一處，讓顧客滿意。

如今，拉斯維加斯的會展產業已經超越博弈業，引領著城市的發展。每年，大約有兩萬個商務會議及展覽在拉斯維加斯舉行，創造出上萬個就業機會，並提高內需，被稱為「二十一世紀無汙染的黃金產業」。

位於佛羅里達州奧蘭多的迪士尼世界，則建立於一片溼地上，如今已成為國際級的旅遊資源。華特．迪士尼（Walt Disney）的母親是西班牙裔猶太人，他看見佛羅里達的溼地後，開始構思迪士尼世界。別人認為無法使用的廢棄土地，迪士尼卻認為，只要好好利用溼地和湖泊，就可以建造出一座美好的遊樂園。由此可見，即使是沙漠或溼地，也可以透過人類的意志力與想像力，轉變為優質的旅遊資源，而猶太人證明了這一點。

握有澳門錢脈五十年，也是猶太人

後來，阿德爾森不再局限於拉斯維加斯，而是將重心轉往海外。他的視野已經超出拉斯維加斯的沙漠，走向全世界。阿德爾森出生於一九三三年，在當時可說是高齡人士，但他對商業的熱情卻如同七百年前的馬可・波羅（Marco Polo）一樣，橫跨東西方。事實上，他在澳門開展第一個事業時，曾表示他的確受到波羅的啟發。他一直在等待澳門長達四十多年的博彩業壟斷局面被打破（按：阿德爾森已於二〇二一年一月逝世）。

當時壟斷澳門博彩業的人，既不是葡萄牙的總督，也不是澳門的黑社會，而是「賭王」何鴻燊（按：燊音同申），占澳門政府稅收六〇％以上的博彩業都掌握在他手中。一九六一年，他從澳門政府那裡獲得博彩專營權，等於握有澳門的錢脈長達五十年。

有趣的是，他身為中國人，同時也擁有猶太血統（曾祖父為猶太人），是猶太裔華人的第三代。葡萄牙人統治澳門期間，何鴻燊獨攬了全澳門的賭場經營權。但在澳門回歸中國後，他再也無法保持獨霸的局面，因為既有的博彩專營權於二〇〇一年到期，之後改為自由競爭機制。

不過，何鴻燊仍繼續對於澳門的經濟做出龐大的貢獻。他所經營的十間賭場，包含澳門葡京酒店在內，僅是他事業的一部分而已。曾由何鴻燊擔任總經理的澳門旅遊娛樂股份有限公司，不僅經營賭場，也經營酒店、賽馬會、高爾夫球場及航運。此外，他也壟斷了港澳之間的渡輪業務。全澳門有三〇%的人口，生計都仰賴著澳門旅遊娛樂。

超越拉斯維加斯，澳門建出世界最大賭場

澳門的博彩業一開放，阿德爾森便在二〇〇四年五月，於澳門開設第一間外資賭場「澳門金沙酒店」，坐落在澳門半島的中心地帶，共有兩百八十九間豪華客房，可以俯瞰大海及整個城市。而且，短短十個月內就追平了二．四億美元的投資成本。

澳門金沙酒店的賭場裡，平均每天一桌可賺六千一百美元，比拉斯維加斯的威尼斯人酒店（The Venetian）高出五〇%。當時，中國的人均所得雖僅為美國的三十四分之一，但是，當拉斯維加斯的賭客平均每場下注二十五美元時，中國人卻下注八十五美元。

在二〇〇七年八月，全球規模最大的賭場——澳門威尼斯人酒店正式開幕，其投資額達二十三億美元，幾乎是澳門金沙酒店的十倍。它不僅是全球第二大的獨立建築物，也擁有全亞洲最大的室內空間，開業一週就吸引五十萬人到訪。雖然是直接仿照拉斯維加斯的威尼斯人酒店而建，但澳門威尼斯人的規模及設施更大、更宏偉，甚至仿造了義大利威尼斯的運河與貢多拉。

運河旁的商店街上，有三百五十間商店及三十多間餐廳，集合各種名牌商品，是最佳的購物地點。此外，酒店不僅設有三千多間豪華客房，還設有游泳池和高爾夫球場，以及著名的太陽劇團表演《薩亞》（按：*ZAiA*，太陽劇團為澳門威尼斯人度假村酒店編製的戲劇目，於二〇〇八年表演至二〇一二年），提供了各式各樣的娛樂。

二〇〇九年為止，阿德爾森在澳門投資了一百三十億美元，讓澳門超越拉斯維加斯，成為全球最大的博弈及會展重鎮，這都要歸功於他卓越的眼光和執行力。即使當時發生了全球金融危機，他仍繼續投資，興建了金沙城中心酒店等四個大型度假村。

▲ 澳門威尼斯人酒店是一個融合住宿、購物和休閒娛樂的大型綜合度假村。

截至二〇一〇年，澳門已從三千萬名遊客的身上賺得超過一百五十億美元的博彩營收，是拉斯維加斯的兩倍多。澳門政府計畫於二〇一五年以前，在氹仔與路環之間的填海新生地投資共一百五十億美元，使該地區成為綜合度假勝地。

投資綜合度假村，促進東南亞經濟成長

阿德爾森亦進軍新加坡，建造了著名的綜合度假村——濱海灣金沙酒店。由韓國的雙龍建設公司承建。

濱海灣金沙酒店坐落於一片面積達十一萬九千平方米的填海新生地上，主要由三棟五十五層樓高的建築構成，設有兩千五百多間客房，以及會議中心、購物中心、餐廳、表演廳和展覽館，是一座綜合度假村。其頂樓的游泳池相當於四座足球場之大，已成為國際著名的地標。

新加坡是一個面積僅和首爾市一樣大、人口約四百萬的小型城市國家。一九六五年至一九九七年，新加坡的GDP平均成長率高達九%；但歷經一九九七年的金融危機和二〇〇〇年代初期的美國經濟衰退後，新加坡亟需新的成長動力。而他們的結論是：積極發展服務業，與製造業齊頭並進。於是，政府決定積極培育能夠有效創造就業機會、提高內需和

發展相關產業的旅遊業，在二〇〇五年宣布將興建綜合度假村。

新加坡國父與前總理李光耀曾經公開表示：只要他還活著，新加坡就不可能建賭場。然而，他最後放棄了自己的信念，因為他雖然討厭賭場，但他知道，時代已經改變，若沒有拉斯維加斯那樣的度假酒店，新加坡絕對無法發展旅遊業和會展產業。

於是，這名年老的領導人表示，他將以國家利益為優先。經過激烈的討論，反對黨最終也同意了。之後，新加坡正式將旅遊業定為未來的核心策略產業，並在二〇一〇年開設兩間大型賭場，阿德爾森也成為首位在新加坡獲得賭場許可的美國人。

濱海灣金沙酒店是一間耗資五十七億美元的賭場飯店，不僅讓新加坡二〇一〇年上半年的GDP飛速成長，也在二〇一一年創造出六十億美元的營業額，使新加坡旅遊業的規模擴大一七%。新加坡作為一個國際級的金融與物流中心，同樣選擇發展具有多元附加價值的會展產業作為未來的成長動力，並迅速成為旅遊大國。本國人也可以進入的濱海灣金沙酒店賭場，每日客流量可達十五萬名。

此外，位於聖淘沙島上的聖淘沙名勝世界是一座家庭

▲ 濱海灣金沙酒店的宏偉外觀。

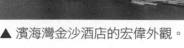

式的綜合度假村，占地四十九公頃，建有六間酒店和賭場，並設有東南亞第一座著名主題遊樂園——新加坡環球影城。二〇一〇年，濱海灣金沙酒店和聖淘沙名勝世界開業第一年，便賺進四十三億美元。而自開業以來，到訪新加坡的遊客數量增加了二〇・二％。儘管當時全球經濟不景氣，新加坡的經濟成長率仍高達一四・五％，政府稅收則增加七・七五％。

菲律賓也開始開發綜合度假村。馬尼拉名勝世界（Resorts World Manila）於二〇〇九年完工，而坐落於馬尼拉沿海新生地、設有四間賭場的「娛樂城」正在興建中。至於馬來西亞，則在海拔一七七二公尺的高原上興建了綜合度假村——雲頂高原（Genting Highlands），每年吸引一千九百萬名遊客到訪。

地點優越、有望超越澳門的永宗島

在濱海灣金沙酒店的公開記者會上，阿德爾森表示，他正考慮將韓國作為繼澳門和新加坡之後的亞洲第三大投資地點，而且，首爾或仁川永宗島的位置很適合興建含有賭場的綜合度假村。在記者的採訪中，他還說了以下內容：

「拉斯維加斯有二十五到三十間含有賭場的大型度假村，競爭非常激烈。但相對之下，亞洲市場的競爭沒那麼激烈。澳門雖然有很多賭場，但我們的度假村裡，有大型會議設施、適合各類表演的表演廳、三百五十間商店、二十五至三十間餐廳、大型酒吧和提供醫療觀光服務的醫院。在澳門，這種規模的度假村，我們是唯一一個。在一千零五十公頃之中，賭場占地不到四十公頃，僅為整體的四%。我們用這種模式改變了拉斯維加斯，現在正在改變新加坡。接下來，我們想改變首爾、仁川和釜山。」

阿德爾森期待的是，由於朝鮮半島西岸正對著中國繁華的東部沿海地區，位於西岸的永宗島可望超越澳門，成為新的夢想之城。不僅從周邊搭機三小時內可抵達、具有高度購買力的城市數量遠遠超過澳門和新加坡，而且，包含中國人在內的全球四分之一人口都聚集在這個地帶。其中，人口超過一百萬的城市就有五十一個，是最好的地理位置。再加上北京、上海、東京、大阪等大城市聚集了許多相對富裕的亞洲人。對他們而言，比起去澳門或新加坡，去永宗島更近、更方便。

韓國周邊的競爭國家正在努力串連會展場地、賭場、主題遊樂園及度假勝地，以提升觀光客源並增加競爭力。若要積極培育會展產業，韓國必須將兼具會展設施和休閒娛樂設施的大型綜合度假村納入策略的一環之中，會展產業已逐漸成為未來的產業主流（按：目前永宗島共有四間綜合度假村正在施工中）。

5 在猶太教裡，學習和祈禱，一樣重要

「地上萬國都必因你的後裔得福。」——《創世記》第二十二章十八節

諾貝爾獎得主，每五人就有一位是猶太人

諾貝爾獎自一九〇一年開始頒發至今，猶太人是獲獎最多的民族，截至二〇一一年為止，共有一百八十位得主，且不含無國界記者組織等團體中，個人得主就占了二二%，意味著每五位諾貝爾獎得主中，就有一位是猶太人。

猶太人分別占經濟學獎得主的四二%、醫學獎得主的二八%，例如發現霍亂弧菌的羅伯．柯霍（Robert Koch）及發現鏈黴素的賽爾曼．瓦克斯曼（Selman A. Waksman）；占物理學獎得主的二六%，例如愛因斯坦及提出夸克理論的默里．蓋爾曼（Murray Gell-Mann）；占化學獎得主的二〇%，以及文學獎得主的一二%。

提供上述資訊的猶太資訊網[5]指出，這個資料僅計算了家譜一半以上是猶太人的得主。倘若加上更多擁有猶太血統的人，例如後來被指出是波蘭裔猶太人的二〇〇九年諾貝爾生理

學或醫學獎得主傑克・索斯塔克（Jack W. Szostak），那麼，至少三分之一以上的諾貝爾獎得主都算是猶太人。

據說，全球各地總共有一千四百萬名猶太人。在如此少的人口之中，出現了一百八十名諾貝爾獎得主。亦即，猶太人只占全球人口的〇・二%，卻占了諾貝爾獎得主的二二%，為前者的一百倍，絕對可以說是「以一擋百」。

第二次世界大戰以前，全球的猶太人口約為一千八百萬。但是，納粹大屠殺導致六百萬人喪生，人口減至一千兩百萬人。截至二〇二〇年，約有一千四百萬名猶太人散布於全球一百三十四個國家；美國有七百一十萬，以色列有六百八十萬，法國有四十八萬，加拿大有三十九萬。

歷史上，有非常多著名的猶太人，在這邊很難全部列舉出來。例如，繼耶穌之後，對全世界影響最大的卡爾・馬克思（Karl Marx）、精神分析學創始人西格蒙德・佛洛伊德（Sigmund Freud）、科學領域的愛因斯坦、測量光速的阿爾伯特・邁克生（Albert Michelson）、研究量子力學的伊西多・拉比（Isidor Rabi）、發現X射線誘導基因突變的赫爾曼・約瑟夫・馬勒（Hermann Joseph Muller）、研發出小兒痲痺症疫苗的約納斯・沙克（Jonas Edward Salk）、研發出簡便血液檢測技術的羅莎琳・耶洛（Rosalyn Yalow）。

哲學領域的巴魯赫・史賓諾沙（Baruch Spinoza）、亨利・柏格森（Henri Bergson）；

文學領域的海因里希・海涅（Heinrich Heine）、馬塞爾・普魯斯特（Marcel Proust）、法蘭茲・卡夫卡（Franz Kafka）、萊納・瑪利亞・里爾克（Rainer Maria Rilke）、索爾・貝婁（Saul Bellow）、以撒・辛格（Isaac Singer）；藝術領域的馬克・夏卡爾（Marc Chagall）、亞美迪歐・莫迪利亞尼（Amedeo Modigliani），都是猶太人。[6]

學習，是生活的一部分

截至二〇一二年，美國約有六百六十萬名猶太人，占美國人口的二％。不過，包括哈佛大學在內的常春藤盟校畢業生中，約有三〇％是猶太人，教授則約有四〇％是猶太人。因此，就讀名校的學生經常向猶太教授學習、與猶太同儕交往，在不知不覺中接觸到猶太文化。

猶太學生無論有多貧窮，都會努力追尋大學及研究所的教育。他們會向銀行申請助學貸款，或者，更多時候是接受猶太教會或社群的幫助。猶太社群會替處境艱難的同胞提供最基本的生活資源，並協助他們解決醫療與教育問題。這是猶太社群自古以來就保有的習俗和義務。

猶太人認為，無論處境有多艱難，都不應該停止學習。**對猶太人而言，學習是宗教生**

活的一部分。事實上，在猶太教裡，學習和祈禱一樣重要。

作為一個崇尚學習的民族，猶太人經常出現在美國大學的師資群裡，並直接或間接的參與管理和經營決策。此外，向大學進行捐贈，是從約翰・洛克斐勒（John D. Rockefeller，美國慈善家，創辦了芝加哥大學和洛克斐勒大學）那裡傳承下來的一項猶太傳統。

常春藤盟校的教授之中，猶太裔的經濟學者特別多，例如哈佛大學教授馬丁・費爾德斯坦（Martin Feldstein）、曾任普林斯頓大學經濟系教授的保羅・克魯曼（Paul Krugman）、哈佛大學前校長勞倫斯・薩默斯（Lawrence Summers），以及獲得諾貝爾經濟學獎的約瑟夫・史迪格里茲（Joseph Stiglitz）和丹尼爾・康納曼（Daniel Kahneman）。至於每兩年頒

▲ 包括哈佛大學在內的常春藤盟校畢業生中，約有30%是猶太人。

發一次、專門頒給四十歲以下年輕經濟學者的約翰．貝茲．克拉克獎（John Bates Clark Medal）得主中，有六七%是猶太人，而且平均有四〇%的得主會在二十二年後獲得諾貝爾經濟學獎。

有限額，猶太人照樣征服哈佛

以前，教育領域裡存在著對於猶太人的歧視。每年有兩百萬人參加的SAT測驗，事實上一開始是為了限制猶太人而誕生的。

第一次世界大戰後，大量的猶太人從歐洲移居到美國，許多聰明過人的猶太兒童進入了著名的大學。在哈佛大學，新生中的猶太人占比從一九〇〇年的七%驟增到一九二二年的二二%。在哥倫比亞大學，一九一八年新生的猶太人占比甚至將近四〇%。

於是，各大名校紛紛面臨緊急狀況，他們必須用一個新的入學資格審查方式，以降低猶太人的入學率，同時又不能帶有歧視意味。後來，哈佛、耶魯和普林斯頓大學的反猶太校長們提出SAT測驗。

SAT測驗始於一九二三年，由普林斯頓大學的種族主義優生學者卡爾．布里格姆（Carl Brigham）所創建。移民到美國的猶太學生遇上困難的英文詞彙、冗長文句及陷阱題，導致成績不佳。不只是SAT測驗上的學術表現，一九二二年，達特茅斯學院還納入品格、運動能力與所在區域等入學條件，針對學生的特質、領導能力及社經背景，增加主觀判斷的機會，以選擇他們想要的新生。

其他大學也陸續跟進，納入品格、領導能力、課外活動、志工經歷、校友子女優待、運動員特殊選才、推薦信和小論文等需要主觀判斷的條件，以限制猶太人的錄取人數。一九二〇年以前，大學僅針對高中成績和入學測驗進行客觀的入學資格評估，但採取猶太人限制策略以後，便開始出現主觀判斷的條件。

於是，哈佛大學的猶太裔新生人數之占比，從一九二五年的二八%銳減為一九三三年的一二%。但儘管存在著這些限制，仍有許多猶太人被錄取，跨越這些新規定的限制。一九三〇年代初，猶太裔大學生的人數為十萬五千人，占當時美國大學生總數的一〇%。而在猶太人大量居住的紐約市，猶太裔大學生的占比甚至高達一半以上。位於紐約附近的波士頓和費城的常春藤盟校裡，猶太學生也大幅增加。

由於猶太學生人數爆增，哈佛及哥倫比亞等著名大學以「保護其他少數族群」為由，開始採取限額制，以限制大量湧入的猶太人。之後，限額制被富蘭克林·羅斯福（Franklin D. Roosevelt，多被稱為小羅斯福）總統解除，因為當時發生經濟大蕭條，美國社會亟需猶太人和猶太資本的幫助。

哈佛大學國際與猶太學生支持機構（Harvard Hillel）指出，二〇一〇年，常春藤盟校裡的韓中日三國學生占比合計為四・二五%；相較之下，猶太學生在哈佛大學的占比達三〇%，在耶魯大學達二七%，於所有常春藤盟校中達二四%，為猶太人口占比的十倍以上。

許多在美韓僑子女都是成績優異的學生。在美國高中裡，成績前段班的學生大多是亞裔和猶太裔學生。其中，韓裔學生和猶太裔學生經常在討論時激烈爭辯。然而，很多韓裔學生即使獲得了將近滿分的SAT測驗分數，也沒能被名校錄取，為什麼？

近年來，亞裔學生面臨不利的情況，因為許多名校認為亞洲人是「第二個猶太人」。以往限制猶太人入學時，資格審查人員經常將猶太人貼上「考試分數高，但缺乏想像力和良好品格」的標籤。如今，這種不公正的刻板印象正被套用於亞裔學生身上。

不僅主宰美國媒體，更掌握金錢流向

美國三大報社的領導人，《紐約時報》（*The New York Times*）發行人阿瑟・格瑞格・索爾茲伯格（Arthur Gregg Sulzberger）、《華盛頓郵報》（*The Washington Post*）前發行人凱瑟琳・葛蘭姆（Katharine Graham），以及《華爾街日報》前執行長彼得・卡恩（Peter Kamn），都是猶太人。

此外，其旗下的記者和專欄作家也有很多猶太人。

美國三大廣播電視臺，實際上也都是依靠猶太資本而運作：CBS廣播公司創辦人威廉・佩利（William S. Paley）、美國全國廣播公司NBC董事長安德魯・賴克（Andrew Lack，已於二〇二〇年五月卸任）、美國廣播公司ABC創辦人倫納德・戈登森（Leonard Goldenson），都是重要的猶太媒體人。

猶太人既自由進取，又在《塔木德》的影響下具有邏輯思辨能力，等於具備了適合媒體、電影和資訊產業特性的基礎訓練。

在美國媒體圈中，猶太人只占了六%，卻發揮出龐大的社會影響力，因為他們往往位居能夠左右主流媒體輿論的位置上。**有二七%的猶太媒體人任職於最具影響力的媒體機構裡**，例如：《華盛頓郵報》、《華爾街日報》、《紐約時報》、《時代》（*Time*）、《新聞週刊》（*Newsweek*），以及CNN、CBS、NBC和ABC。

其中，《紐約時報》與《華爾街日報》是代表性的「親猶太媒體」。而且，許多猶太媒體人都擔任能夠製造和傳播輿論的主筆、名嘴或電視新聞製作人等要職，因此形成「少數精英」的特徵。

美國經濟是由財政部、聯邦準備理事會（Fed，簡稱聯準會）及

▲ 美國三大廣播電視臺皆依靠猶太資本運作。

華爾街三方主導。包含二〇二一年就任的財政部長珍妮特・葉倫（Janet Yellen）在內，路傑克（Jack Lew）、提摩西・蓋特納（Timothy Geithner）、亨利・鮑爾森（Henry Paulson）、薩默斯和羅伯特・魯賓（Robert Rubin）等歷屆財政部長，都是猶太人。

在聯準會和華爾街也是如此。聯準會過去三十年的主席，例如：班・柏南奇（Ben Bernanke）、亞倫・葛林斯潘（Alan Greenspan）、保羅・沃克（Paul Volcker）等都是猶太人。此外，金融界的傳奇人物、花旗集團前執行長山迪・魏爾（Sandy Weill）、金融服務集團摩根大通（JPMorgan Chase）執行長傑米・戴蒙（Jamie Dimon）、高盛集團執行長勞爾德・貝蘭克梵（Lloyd Blankfein）等人，都是猶太人。

在美國，擔任律師、醫師等專業人員的猶太人特別多。全美國的律師人數約為七十四萬，其中，猶太人的占比達一六％，相當於人口占比的八倍。此外，集中在紐約和華盛頓、任職於有影響力的法律事務所中的律師，超過四五％是猶太人。

美國人雖然討厭並辱罵猶太人，但只要遇到法律問題，他們就會向猶太律師尋求協助，因為，若想贏得訴訟，一定要將案件委託給猶太律師。亦即，在任何法律相關的事務上，沒有一個民族勝得過猶太人。

專業領域的醫學界也是如此。猶太人所獲得的諾貝爾獎之中，有三分之一是生理學或醫學獎。醫學領域裡，有血緣關係的猶太人不計其數。因為，猶太人偏好的職業，僅次於拉比和教授的就是醫師。猶太人相信「幫助上帝修復世界」（tikkun olam）的精神，自古以來便將治療疾病的醫師視為一項有意義的職業。

美國醫學會的資料顯示，美國醫師有一五％是猶太人，為人口占比的七倍。著名醫學院的教授中有八〇％是猶太人；位於紐約的醫師中，甚至有一半都是猶太人。據說，大眾對於猶太醫師的信賴度很高，病得越重，就越傾向於求助猶太醫師。

在歐洲，猶太醫師的占比更高。中世紀時，歐洲醫師一半以上都是猶太人。其實，猶太預言家諾斯特拉達穆斯（Nostradamus）也是一名醫師，很多人知道他是預言家，但很少人知道他也是醫師。[7]

從小兒麻痺症疫苗到胰島素，猶太人救了許多人

幾十年前，小兒麻痺症是一種人人恐懼的疾病，既無法預防，也無法治癒。當時光在美國，每年就有五萬八千名兒童罹患小兒麻痺症。後來，有一個人利用缺乏活性的病毒，找到了治療小兒麻痺症的線索，那個人就是約納斯・沙克。

沙克出生於紐約市布朗克斯郡。小時候，作為猶太人，他常被其他孩子丟石頭和謾罵，每次走路前往位於小巷中的希伯來文學校時，他總是感到很不安。到了晚年，他談到為

何踏入醫學領域，表示：「我從小就不斷思考著猶太人的悲劇和痛苦。為了破除這種痛苦又不幸的循環，我想為人類做些正面的事。」

擔任匹茲堡大學細菌學教授的期間，他進行了兩百次實驗仍不見成果，逐漸對研究工作感到疲倦，因此到義大利阿西西的一間修道院度過安息年（按：詳見第一四六頁）。在修道院裡，他偶然獲得啟發，經過長時間研究，總算在一九五二年三月成功研發出小兒麻痺症的疫苗。由於無法找到臨床試驗對象，他首先在自己和家人的身上進行了初步試驗，以檢測疫苗的效用。確定疫苗安全並進行臨床試驗後，終於在一九五五年四月證明該疫苗是安全且有效的。

光在二十世紀，小兒麻痺症就奪走了包含小羅斯福總統在內一百萬名美國人的性命。但自從疫苗問世，一九六〇年代起，小兒麻痺症再也不是可怕的疾病，發病人數也大量減少。在韓國，一九八四年以後就沒有出現過小兒麻痺症的案例，因此二〇〇〇年正式宣告根除小兒麻痺症。

疫苗能夠如此迅速普及，在短時間內根除小兒麻痺症，要歸功於沙克的魄力。沙克研發出疫苗後，收到許多製藥公司的提議，希望他賣出專利，而他可以賺得大筆金錢，讓後代子孫不愁吃穿。但是，沙克都拒絕了，因為他堅信，生命和醫學不應該和金錢有關聯。

如今，世界衛生組織的小兒麻痺疫苗，每株僅需一百韓元（按：全書韓元兌新臺幣之匯率，皆以臺灣銀行在二〇二一年四月公告之均價〇・〇二三元為準，一百韓元約新臺幣二・三元）。一九九三年，《時代》雜誌將沙克列為二十世紀百大人物之一，但不僅是因為他研發了疫苗，更是因為他擁有崇高的科學精神，將研究成果視為人類的共同財產。

感佩沙克的崇高精神，許多人捐款集資，協助沙克在聖地牙哥成立沙克生物學研究所（Salk Institute for Biological Studies，又譯為索爾克研究所）。沙克委託世界級猶太建築師路易斯・康（Louis Kahn）設計時表示，一切都可以按照建築師的意願建造，只有一個要求，就是天花板要像修道院那樣高。

「我在研究陷入困境時，前去一間修道院修行，在那裡獲得了啟發，最終研發出疫苗。修道院的環境似乎對研究很有幫助，我想要打造出那樣的環境。」

沙克生物學研究所在建築領域中也很有名。而且，於一九六五年落成後，裡面誕生了五名諾貝爾獎得主。於是，學者開始研究其建築，結果發現天花板高度和創意之間其實也有關聯（按：美國明尼蘇達行銷學系教授瓊・邁爾斯－李維〔Joan Meyers-Levy〕的研究顯示，

▲以建築設計與樓層挑高而聞名的沙克生物學研究所。

較高的天花板可以使人們發揮更多元化且更有創意的思考力）。

因猶太人而問世的醫藥品多不勝數，例如維他命C、檢測梅毒的瓦瑟曼氏試驗、心臟強化藥物、治療糖尿病的胰島素、抗痙攣的水合氯醛（chloral hydrate）等。倘若沒有猶太人的努力，人類的壽命或許就不會延長了。

佛洛伊德的心理學，也來自猶太教精神

佛洛伊德是一名醫師。如同大部分的猶太父母一樣，他的父母也認為對猶太人而言，最好的職業是醫師。佛洛伊德想學習法律，但在父母的堅持下，他十七歲進入維也納大學醫學院就讀，成為一名神經科醫師。但畢業後，他沒有選擇執業，而是埋首研究醫學長達十三年。之後，他提出「潛意識」與「心理防衛機制」等理論，並且開創了由病患與醫師透過對話來治療精神病的對話式心理治療領域。

佛洛伊德並不是一個只會埋首進行研究的醫學狂熱者。他是一名熱愛人文學的醫學家，不僅對繪

▲ 精神分析學的創始人佛洛伊德，對繪畫和文學也很感興趣。

畫和文學感興趣，還發表過多篇文章，更在一九三〇年，因他對德語文學的貢獻而獲得歌德獎（按：一項高榮譽的德國文學獎）。

他在《夢的解析》（*Die Traumdeutung*）裡採用了許多猶太教的元素。他主張，夢是「表達人類內在潛意識（無意識）裡的欲望」，而且，他解析夢的方法類似於猶太教神祕學「卡巴拉」（Kabbalah）的經典——《光輝之書》（*Zohar*）裡的方法。對他而言，猶太精神是一股偉大的力量源泉，讓他在許多方面發揮才能。

星巴克、甜甜圈、巧克力……每天都被提起數千次的名字

靈感來自米蘭酒吧的全球最大連鎖咖啡店星巴克、將上流階級專享的巧克力普及化的好時巧克力（Hershey's）、為美國人提供香甜早餐的鄧肯甜甜圈（Dunkin' Donuts），這三者的共同點就是：它們都是猶太人所創立的。

此外，創立哈根達斯（Häagen-Dazs）、最早將冰淇淋普及化的魯本·馬特斯（Reuben Mattus）也是猶太人。他們都獨具創意，將平凡的食物發展為國際級的連鎖品牌。

威廉·羅森伯格（William Rosenberg）創立鄧肯甜甜圈時，首度開發出連鎖加盟的經營模式，並且成立國際加盟協會，被譽為「連鎖加盟之父」。此後，美國零售業營業額的五

〇%以上皆來自連鎖加盟，可見他的貢獻之大。

如今，在全球各地，猶太人的名字每天都會被提起數千次：沛綠雅礦泉水（Perrier）、三一冰淇淋（Baskin-Robbins）、保養美妝品牌雅詩蘭黛（Estée Lauder）、保養品牌赫蓮娜（Helena Rubinstein）、美髮造型品牌沙宣（Vidal Sassoon）、牛仔褲品牌利惠公司（Levi's）、販賣攝影器材的伊士曼柯達公司（Eastman Kodak Company）、行李箱及背包品牌新秀麗（Samsonite）、赫茲租車公司（Hertz）等，雖然很少有人知道，但事實上，這些品牌的名字都是取自猶太創始人的名字。[8]

第二章

比起千萬財寶，猶太人更樂見一小時的學習

這世上，沒有比父母更好的老師。
而猶太人用五千多年的歷史，向世人證明，父母是最好的老師。

1 猶太教的兩大支柱：學習與家

所謂猶太人，就是信仰猶太教的人。猶太人的思想及日常生活，都與猶太教信仰息息相關。

猶太人的教育也與猶太教有關。為了進行閱讀和對話，**猶太人的客廳裡大多沒有電視**。猶太教認為學習是最具價值的行為，這讓他們更常閱讀，而父母表現愛的方式也大多透過對話。

尤其在安息日當天，猶太人除了去猶太會堂以外，都不會外出，而是會與家人聚在一起閱讀和對話。這就是為何，閱讀和對話對於猶太人而言是很生活化的習慣。

猶太教成為一種信仰之前，對於猶太人而言就像母親的母乳一樣，因為他們出生後一、兩年，逐漸擁有語言理解能力時，便開始向母親學習猶太律法，還不知道那是「宗教」，只是全然跟隨母親的教導。

猶太教是先學習、而後體現於身心的宗教。因此，學習和研究猶太教的經典，等同於信仰上帝。這是猶太教重要的特色之一。

教和學，是對上帝的敬拜

猶太人相信，「教」與「學」是對上帝最重要的敬拜；「教」就是在敬拜上帝，「學」則是對上帝最虔誠的祈禱。因此，在猶太會堂的禮拜中，最重要的事情是教徒聚在一起研讀《妥拉》（*Torah*，字面意思為指引、教導，為猶太教的核心）。

「人必須終身學習」是猶太教的根本信念。再怎麼有智慧的人，只要停止學習，就會遺忘先前所學的一切。猶太人透過終身學習，來建立自己的信仰。這就是為何，猶太人最尊敬的人是學者，也就是拉比。

猶太人相信，一切真理皆源自上帝，人類並未創造出真理，而只是發現上帝所揭示的真理。猶太人認為，所有科學技術都是人類對於上帝所創造的世界和生命原理的理解和模仿，而這樣的信念自然使猶太人願意不斷的學習，以理解上帝的旨意。

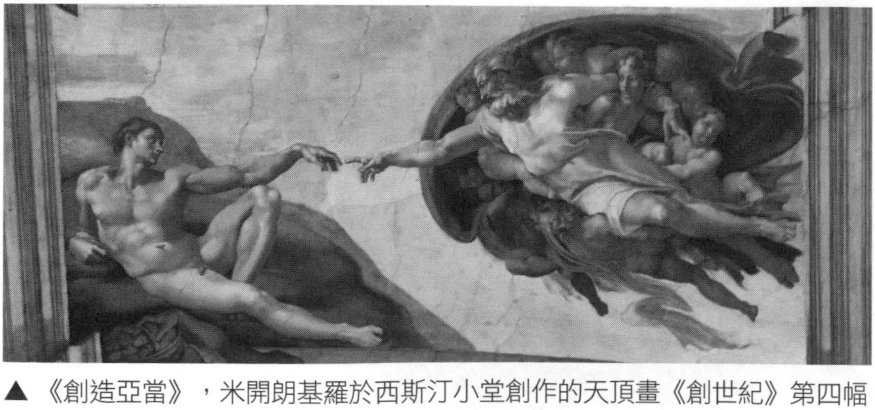

▲《創造亞當》，米開朗基羅於西斯汀小堂創作的天頂畫《創世紀》第四幅。

猶太教相信，人類是按照上帝的形象而造出的，因此具有無限的潛力與可能性。《聖經》裡有一個場景是，上帝用泥土造人，接著在泥坯的鼻中吹入生命的氣息。猶太人相信，那氣息就是上帝的靈魂；上帝每造出一個人，就會注入自己的靈魂，而那靈魂將活在人之中，直到死亡時再次返回上帝。根據這樣的猶太思想，真實存在的並不是人類，而是人類身上那來自上帝的靈魂。

希勒爾（Hillel）是西元前一世紀的著名拉比，他曾言：「《聖經》的意義在於充分發展人類身上的上帝形象，理解並主宰世界和宇宙，從而使全人類的生命，都擁有上帝所賜予的平安。」除了這條根本信念以外，其他的說明只是注解罷了。

創意哪裡來？先把自己當救世主

十九世紀，查爾斯・達爾文（Charles Darwin）提出進化論，震撼了宗教界，基督徒紛紛指責達爾文將按照上帝形象而造的人類貶格為猴子。但猶太教認為，「進化」是有階段性的另一種「創造」。

猶太教的基本信念「tikkun olam」，意指修復世界，代表人類不應毫無作為，而應該修復與改善這個世界。也就是說，人類有責任成為上帝的夥伴，讓世界變得更良好且完整。

上帝雖然創造了世界，卻是未完成的狀態。上帝從未說過創造已經結束，祂依然正在創造。因此，人類必須協助上帝仍未停歇的創造，直到完成。亦即，人類必須協助上帝完成「創造」的任務。這是人類的義務，也是上帝的旨意。

這是猶太人的「現代版彌賽亞」思想。他們認為，彌賽亞不會在某日突然來臨並拯救世人，而是自己應該成為彌賽亞，互相合作、讓世界變得完整。猶太人之所以被認為創意性高，原因之一就是深植於他們腦中的這個信念。

因此，猶太教認為，醫治那些被創造得不完全、因為疾病而受苦的人非常有意義。猶太人能夠研發出這麼多可以挽救人類生命的醫藥品，背後的力量也源自於此。不僅在醫學領域，在每一個領域裡，這樣的信念都深存於猶太人的意識之中。

學習，相當於敬愛上帝的「祈禱」

猶太人深信他們是上帝的利器，會參與並協助完成上帝的計畫。因此，他們認為在這世上出生的目的，是要向萬邦展現上帝的光。如果要成為傳播偉大的上帝之光的人，必須受過教育。倘若沒受過教育，永遠都無法成為上帝之光的傳播者，因為自己處於無知和黑暗中時，不可能帶領他人走向光明。

人類若要參與上帝的聖工，首先必須理解上帝的旨意，努力學習，讓上帝的偉大充滿自己。因此，猶太人認為，學習並理解上帝的旨意是他們的義務。根據猶太教的古老傳統，「學習」與「敬愛上帝」是一樣的意思，甚至相當於「祈禱」。

希伯來文的「祈禱」讀作「hitpalel」，意為自行衡量價值。換言之，盲目服從上帝是不對的，人類必須先理解上帝正在進行的偉大藍圖，再努力體現上帝的旨意。

因此，對於猶太人而言，教育即信仰，而猶太會堂的主要功能，就是作為教徒學習《妥拉》和《塔木德》的場所。這就是為什麼，猶太人會被稱為「熱愛學習的民族」。學習是猶太人的人生中最重要的價值，而他們自古以來就認為，透過《妥拉》和《塔木德》進行一輩子的學習是理所當然的事。

找不到自己喜歡的事，是一種罪

在基督教教義中，亞當和夏娃偷吃禁食的「知善惡樹」果實，犯下原罪，因此，人類從一出生起就是罪人；但在猶太教中，亞當和夏娃的不服從雖然有罪，卻沒有流傳後代的原罪，亦沒有源自過往的束縛。

猶太人認為，罪不在過去，而在「現在」。猶太教教導教徒：不忠於當下的生活，是一種罪；違背上帝的旨意生活，是一種罪。亞當和夏娃不服從上帝，不是罪；今天活著的我不服從上帝，才是罪。

人類是按照上帝的形象所造，因此，上帝對人類有期望。猶太教認為，身為上帝的子女卻過著不當的生活，是一種罪；上帝賦予了可能性，卻懶惰而沒有盡全力，是一種罪；沒有找出與培養上帝所賜的才華，變成「無能」的人，是一種罪。因此，對猶太人而言，所謂信仰，是努力找出自己內在的上帝並不斷發展自己的才華。

只要是你擅長、喜歡，且能夠感受到意義的事，就是你的才華所在。找出你的才華後，不偷懶，努力打磨，變成有能力的人，就是沒有罪的生活方式。

只要懷抱熱情，專注於自己的工作，不知不覺就會在自己的領域中脫穎而出。因此，許多猶太人都在自己的領域裡闖出一片天。

現代企管學「企業家精神」的要點之一，就是找出自己擅長、喜歡，且能感受到意義的事情，並作為職業。也就是說，猶太教的基本信念、猶太教所認為的生命要件，已經成為正在尋找生命方向的年輕人選擇職業時的重要標準。

▲ 米開朗基羅在《原罪與逐出樂園》描繪「知善惡樹」的故事，但不像基督教，猶太教並沒有原罪論。

以「家」為核心的宗教

猶太人的一生幾乎都與上帝有關。男嬰在出生後第八天要接受割禮，出生後第八個月開始學習過安息日，並在此後每週都過一次。

宗教也融入猶太人生活的每一處：早餐會和家人一起享用，在餐桌上主要談論《塔木德》；早餐後，進行祈禱，便各自前往上班；下午日落前，會祈禱五分鐘；晚上則可能去學院研讀《塔木德》。

對於《塔木德》的學習，並不是時間分配與否的問題，而是一天當中必須實踐一次的基本要求。

猶太人用餐，不只是純粹吃飯，也隱含著「聖餐禮」（Eucharist）的意義。聖餐禮又名「聖體聖事」，意思是領受上帝的聖體和生命所行的儀式。

猶太人的用餐時間，特別是晚餐，是全家人一起領受上帝的教導、具敬拜與慶祝之意的寶貴時間。晚餐的祈禱主題是「感謝上帝」，感謝上帝賜與恩惠，允許並提供全家人飲食。此外，彼此之間也會分享各自生命中的勝利和上帝的智慧，度過充滿喜悅的時間。

猶太人從小就被教導，生命一切成就皆在於「祈禱」。他們相信，透過祈禱，能夠與生命奧祕之所在——上帝進行交流，反思及重新審視自己，並再次出發。而且，讓夢想和幻想成真的神祕力量，就存在於祈禱之中。

猶太人至今依然堅持遵守那些看似過於久遠而毫無用處、由三千多年前的祖先流傳下來的傳統和律法，且視之為生命。不過，那就是猶太人的宗教，以及造就今日猶太人的根本所在。猶太教的節日經常以「家」為中心進行。

逾越節是為了紀念猶太人擺脫埃及奴隸身分的節日，期間不吃含有酵母的麵包，而是吃祖先在曠野上所吃的乾硬無酵餅與其他六種食物，同時回想祖先所受的苦難。其中，「發酵」意味著驕傲，無酵餅不僅警惕著「驕傲自滿」的危險性，也警告猶太人，勿讓「自信自豪」變質為「自私自利」。為了避免自己遺忘過去的痛苦，他們努力去記住那充斥著苦難的歷史。

猶太諺語有言：「遺忘者將淪俘虜，記憶者將獲救贖。」**猶太人深信，遺忘自身歷史的民族毫無未來可言。過往的苦難是今日的導師，也是未來的鏡子。**

歷史上，猶太人經常流落異鄉，頻遭迫害。在那些充滿苦難的時期裡，允許猶太人疲憊的心靈稍作喘息、重新點燃生命熱情的地方，就是家。對於猶太人而言，家是現實生活中能夠讓他們享有安寧的唯一場所兼最後的堡壘。甚至，在上帝所有祝福之中，猶太人認為「安寧」具有最高的價值。

以色列啊，你要聽！

《舊約聖經》（*Old Testament*）裡的大誡命「Shema Yisrael」，意為「以色列啊，你要聽！」並要將這句話傳承給子子孫孫。

猶太人出生後，第一個學到的《聖經》詞語即為「Shema」（聽），起初是學習兩個簡單的句子，最後會背誦《申命記》第六章的四到九節：

以色列啊，你要聽！耶和華——我們神是獨一的主。你要盡心、盡性、盡力愛耶和華——你的神。我今日所吩咐你的話都要記在心上，也要殷勤教訓你的兒女。無論你坐在家裡，行在路上，躺下，起來，都要談論。也要繫在手上為記號，戴在額上為經文；又要寫在你房屋的門框上，並你的城門上。

這段話，猶太人每天至少會背誦兩次。孩子尤其要在睡前背誦，因為孩子萬一在睡覺途中突然死去，這段話至少能夠成為孩子最後的遺言。年事已高的猶太人在死之前，也會以這段話作為最後的遺言，讓子孫領受上帝的聖言並傳承使命。

猶太人根據大誡命，會在家門的右門框上，距離地面約一．五公尺高之處，設置經文匣（Mezuzah），長約十公分，木頭、金屬或玻璃材質不拘。只要門框上設有此匣，該戶便住著猶太人。在門框上設置經文匣的習俗已有兩千多年的歷史。有些猶太人甚至會在家中每個房間的門框上都設置。每次進出，他們都會以手觸摸經文匣，再觸碰自己的嘴脣，藉此提醒上帝所給予的愛，以及要按照上帝的話語生活。這也代表，猶太人將自己的家視為聖殿。

猶太人每天都會在四個固定的祈禱時間內，將經文護符匣（Tefillin）配戴在手臂和頭上，並進行祈禱。經文護符匣是黑色的皮製小盒，裡面裝有寫著經文的羊皮紙卷，內容大多出自《妥拉》。

猶太人架設的網站「哭牆」，每天約有兩千五百萬人到訪。這可以解釋為，每天至少有八百萬名猶太人前去祈禱三次。數千年來，猶太人一直透過祈禱和上帝的聖言，證明上帝的祝福，而祝福的核心就在經文護符匣之中。

猶太人每晚從學校或職場返家後，都會向父親學習希伯來文的《妥拉》和《塔木德》；睡前則會將水杯放在床頭，隔天早晨以水淨手，用乾淨的雙手進行祈禱。

猶太人非常重視的大誡命，核心在於「盡心、盡性、盡力」。如果平時就養成盡心、盡性、盡力愛上帝的習慣，

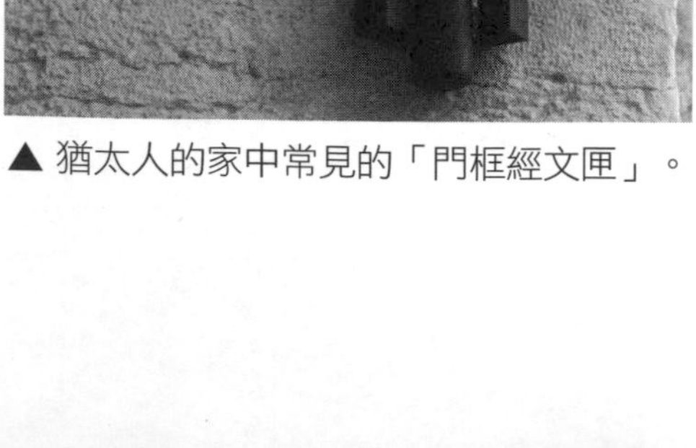

▲ 猶太人的家中常見的「門框經文匣」。

在任何領域裡都能夠獲得最好的成果。尤其猶太教認為任何事都要盡力學習、學習就等同於信仰，甚至將學習看得比祈禱更重要。只要具備這樣的學習態度與習慣，無論是在體育、藝術、學術或研究等任何領域，必將達到最佳成就。

在大誡命裡，「殷勤」兩字也非常重要。它意味著「習慣化」和「體現」，亦即反覆進行教育和訓練，直到前述的學習態度完整的體現出來。如此，便可以說是達成全人式的自我開發。

猶太人流浪兩千五百多年的期間，《妥拉》和《塔木德》好好的守護了猶太民族。而大誡命這段來自上帝的聖言教導：對上帝的敬畏是所有知識的基礎，而且，愛上帝比任何事都重要。如今，大多數的猶太人依然謹遵這段聖言，努力活出宗教與生活融為一體的生命。[9]

閱讀是培養創意的第一步

猶太人一直以來都走在充滿荊棘與桎梏的坎坷道路上，而教育是唯一成功守護他們生命的重要資產。因此，猶太人普遍認為，子女教育是最重要的事。而教育不僅守護了過往的日子，也是開啟未來的關鍵。

猶太人自古以來就被稱為「書的民族」。猶太人經常受到其他民族迫害的原因之一，便是因為文盲時期只有猶太人讀過很多書。統治階級總是害怕猶太人會根據他們從書本中獲得的智慧，發出正義之聲。

猶太人是世上閱讀最多書的民族，而他們的閱讀傳統不是一天兩天就發展出來的。從西元前六世紀開始寫成的《塔木德》收錄了許多關於「閱讀」的諺語，例如：「可以拒絕借錢，但不應該拒絕借書。」這清楚展現了猶太人自古以來就非常重視閱讀的價值。對於猶太人而言，閱讀是《塔木德》所教導的信仰生活的其中一環。

古代猶太人對於閱讀的重視，到了中世紀仍舊不變。十四世紀的猶太啟蒙家以馬內利曾說：「把錢拿去買書，將從書中獲得黃金與智慧作為報答。」、「若書本與衣服同時沾染髒汙，先潔淨書本，再潔淨衣服；若書本與金錢同時落在地上，先撿起書本。」猶太人認為，學養豐富的人遠比財富滿盈的人更能過上滿足的生活。

有紀錄顯示，到了近代，在十八世紀的歐洲猶太人村莊裡，曾有一個人因為拒絕借書而被罰款。由此可見，猶太人多麼愛書成痴。由於猶太人大量閱讀，因此自然誕生出許多學者和老師。

到了現代，猶太人依舊重視閱讀。**大多數猶太人的客廳裡，沒有電視，而是擺著書櫃和可坐下來談話討論的圓桌**，看起來就像圖書館，且很少有例外。

猶太父母經常在客廳裡展現他們平時閱讀的習慣，自然的引導孩子開始閱讀。教育，從模仿開始，所以父母必須先身體力行。猶太人即使買了電視，也不會放在客廳，而是放在房間，且只允許觀看兒童節目，從一開始就約束和訓練孩子。

創意並不是刻印在特定人類基因裡的超自然力量，而是任何人都可以學習和發展出來的能力，而閱讀，就是創意和想像力的源頭，再者，閱讀也可以提高思維能力。尤其在閱讀後，針對閱讀內容進行討論，是讓閱讀發揮最大效果的好方法。猶太人這樣的閱讀文化，最終促使他們創造出各式各樣的出色成果。[10]

或許因為從小就養成閱讀的習慣，美國高中生的智力測驗結果，猶太學生比其他美國學生平均高出約十一．八；美國學生平均智商約為九十八，猶太學生平均智商約為一百一十。

對照之下，在居住著多元種族移民的以色列，學生平均智商僅約九十四。由此可見，環境也有很大的影響。

還有另一個例子展現出猶太學生的閱讀習慣及閱讀量。出國留學的韓國學生表現最好的學科為數學，在SAT測驗裡，數學成績通常比其他國家的學生高二〇%。

相對的，猶太學生的英文成績通常比其他國家的學生高二〇%以上，因為猶太學生平時就大量閱讀，理解及語言能力都比一般學生高出許多。從這裡我們可以看出，猶太學生平時的閱讀量之多。

2 虎之霸與大頭精神

猶太教育的另一個特色，在於父母對子女的認知。父母不將子女視為其從屬品，而是與父母平等的獨立個體，因為猶太人相信：上帝面前，人人平等。子女是上帝託給父母的禮物，是與自己平等的獨立個體，因此，父母在照顧子女時，經常與其對話。

猶太母親常會在子女的身邊，配合子女的視角進行對話。孩子出生後第一個見到的教育者，就是母親。孩子能否成長為一名健全的猶太人，母親擁有絕對的影響力。因此，**在以色列，要判斷一個孩子是否為猶太人，可以從其母親的教導方式看出。**

猶太母親在教導子女並與之對話時，會配合子女的程度，時而耐心，時而懷著禱告的心情。若不得不責罵孩子，他們會先祈禱，然後再傾聽孩子想說的話。

子女是與父母同等的獨立個體

他們相信，子女在滿十三歲之前，是上帝託由父母照顧的。因此，自己應該幫助子女長成一個健全的猶太人，並在子女的十三歲成年禮上，將他們交還給上帝。

猶太人認為，子女歸屬於上帝，所以，父母有義務按照上帝的旨意來照顧上帝所託付的孩子，直到成年禮後，父母才能放下對於子女的教育責任。此後，對於自己生命的責任，則歸還給子女自身和上帝。

父母究竟是將子女視為與自己同等的獨立個體，還是其從屬品，將造成很重大的差異。若為前者，親子之間便能平等的進行對話；但若為後者，父母的期望會不斷透過指示和命令，投射到子女的身上，影響子女形塑人格。

猶太人認為，子女是源自上帝的祝福。他們會盡可能不避孕，因此猶太人屬於子女較多的民族。例如，十八世紀，創建出歷史上最成功的商業家族的邁爾・阿姆謝爾・羅斯柴爾德（Mayer Amschel Rothschild）有過多達二十個孩子，其中，十人在成長過程中夭折，而在其餘十人之中，有五個兒子分別成為歐洲各國的商業巨頭，並共同打造了一個國際性的金融集團。

為了生出健康的孩子，猶太人很重視有計畫性的懷孕與胎教。《塔木德》提到尼達戒律（niddah），指夫妻必須在妻子生理期結束後的一週內禁慾，在等待妻子排卵的期間，讓丈夫的精子數量增加且變得強壯。

猶太人相信，必須讓禁慾後的健康精子與配合好排卵日的新鮮卵子結合，才能生出具有聰明基因的孩子。

猶太人為孩子洗澡時的禱告

孩子出生時，猶太人會將他包裹在繡有上帝聖言的襁褓之中，祈禱孩子一輩子都能獲得上帝的祝福。

猶太人為孩子洗澡前，會先徵得孩子的允許，親切的問：「我能為你洗澡嗎？」得到孩子的同意後，母親再一邊祈禱，一邊為孩子洗澡。

為孩子洗臉時，母親會說：

「上帝，求祢使孩子的臉可以仰望著天，帶著對天上的盼望而活。」

為孩子清理口腔時，母親會說：

「上帝，求祢使孩子口中所出的一切話語都成為福音。」

為孩子洗手時，母親會說：

「上帝，求祢使孩子的雙手成為禱告的手、稱讚別人的手。」

為孩子洗腳時，母親會說：

「上帝，求祢使孩子的腿成為勤勞的雙腿，讓整個民族安居樂業。」

為孩子洗頭時，母親會說：

「上帝，求祢使孩子的腦中充滿知識與智慧。」

為孩子洗前胸時，母親會說：

「上帝，求祢使孩子胸懷國家與民族，胸懷五大洋、六大洲而活。」

為孩子洗腹部時，母親會說：

「上帝，求祢使孩子的所有器官、五臟六腑都健康強壯。」

為孩子洗生殖器時，母親會說：

「上帝，求祢使孩子可以守住純潔直到結婚，可以組建討神喜悅的家庭，可以預備出蒙福的子女。」

為孩子洗臀部時，母親會說：

「上帝，求祢使孩子坐在不驕傲，而只坐神所喜悅的座位。」

為孩子洗背部時，母親會說：

「上帝，求祢使孩子不要倚靠可以看見的父母，使孩子單單倚靠看不見的神。」

猶太人進行胎教時，通常會誦讀《聖經》裡的文字，例如所羅門王的智慧箴言，或是唱聖歌，以期生出既聰明又虔誠的孩子。

為了將宗教信仰傳給子女，自古以來就有許多猶太人獨有的教學方法。其中一項方法是孩子剛出生不久，便讓孩子聆聽有關上帝的故事，教導孩子關於上帝的存在與猶太教的核心教義，並且透過反覆背誦，讓律法烙印在腦海和身體裡。人如果從小就學習律法，任何事都會嚴謹以對。這就是猶太人成為一流民族的祕訣之一。

注重自尊、提問，猶太孩子被養得很聰明

孩子出生後，即使臍帶斷了，仍覺得自己是母親的一部分，不認為自己是獨立的個體，因此自尊也是空虛的。自尊是懂得認可自己、喜愛自己的一種珍貴感受。

高自尊的人因為信任自己、愛自己，做任何事都會盡力而為，即使失敗了，也不會貶低自己或灰心喪氣。

若要培養孩子的自尊，首先必須**讓孩子建立健康的依附關係（attachment）**。「依附」指的是對生命中特別的人產生強烈的歸屬感。三歲以下的孩子需要感受到被保護著的安全感及被愛的感覺，在這段重要的時期裡，母親最好經常對孩子說話、擁抱、進行肢體接

觸。即使孩子犯錯，也不責罵，否則有礙其自尊形成。

從四歲起，孩子便能夠理性分辨是非對錯。因此，孩子倘若犯錯，父母必須透過對話，讓孩子領悟錯誤所在，並予以糾正。此外，孩子滿四歲後，也會開始變得好奇而大量提問：「媽媽，這是什麼？」、「媽媽，為什麼會這樣？」並模仿父母的言行，從被動學習變成主動學習。

面對正因滿懷好奇心而不斷問東問西的孩子，猶太父母絕不會發脾氣。相反的，他們會激發孩子的好奇心，鼓勵孩子更積極的提問，藉由提問來培養孩子的思考能力。與其說所有的猶太兒童都天生聰明，不如說是「被養得很聰明」。[11]

對話式教育，訓練邏輯思考

拉比赫希（Hirsch）曾言：「母親的使命不只在於賦予孩子肉體上的生命，亦包括屬靈上的信仰。」根據這項教導，猶太母親認為，女性是最早的教育者，她們有責任教育孩子。

在美國，「足球媽媽」（Soccer Mom）和「猶太媽媽」（Jewish Mom）是頗為有名的兩個稱呼。足球媽媽指的是熱衷於讓子女接受課後體能或才藝教育的父母；猶太媽媽指的則是向孩子強調學習之必要性的狂熱父母，比足球媽媽更勝一籌。猶太母親對於教育的狂熱廣為人知。

有句猶太諺語是：「上帝透過母親的雙手來實踐祂的愛。」另一個諺語則說：「上帝無法隨時隨地出現，因此祂創造了『母親』。」由此可見，對孩子而言，母親的愛具有如同上帝般的絕對意義。母親的雙手一面照顧孩子、一面工作，母親的口中語出智慧，母親的心蘊含著永恆的愛。

以上述情感為基礎的猶太教育，核心在於**「對話式教育」**。父母不將子女視為教導的對象，而是視為和自己相等的獨立個體，並且像對待成人般，與子女討論並得出結論。當然，這種教育方法需要父母極大的耐心與毅力。

舉例而言，當孩子在玩具店裡吵著要買玩具時，無論得花多少時間，猶太母親都會聆聽孩子想要什麼，並向孩子解釋為何不買給他。因此，猶太家庭裡，母親與孩子經常爭論。對話式教育能為孩子培養出邏輯思考所需的基礎能力，並且激發孩子的自信心，勇敢說出自己的想法。[12]

猶太父母能夠施以對話式教育，其重要基礎在於「信任子女」。猶太父母打從心底信任自己的孩子，因為他們相信孩子的身上也存在著上帝的做工。

孩子出生後，直到十三歲舉行成年禮之前，父親負責對孩子進行理性思維教育，母親則負責情感交流教育。亦即，父親負責智商教育，母親負責情商教育。

「虎之霸」精神：不分地位高低，毫不猶豫提問

摩西（Moses）所頒布的律法以「正義與平等」為目的，包含著「民主主義精神及對女性的尊重」這樣的新時代精神。尤其在當時，「律法面前，人人平等」的概念史無前例。

猶太人出埃及後，實行摩西律法中所包含的猶太思想：上帝面前，人人平等。這是世界上最早的民主制度。為了建立平等的社會，猶太人發展出沒有「王」、僅分支派的社群，並以民意為基礎，選出負責評判的判官，以協調支派間的利益關係。

後來，於戰爭期間，為了發展出有條不紊的指揮體制，猶太人選出了「王」。但，不像其他國家那樣，他們君主並不具有絕對性，而是在上帝的統治和律法之下，也是君主立憲制的代表之一。

西元前十世紀以色列聯合王國的第二任國王——大衛執行戶口普查的途中，之所以受到上帝嚴懲，便是因為他違反了「上帝是猶太人唯一的統治者和君主」之思想。到了現代，這樣的觀念發展為「虎之霸」精神。

虎之霸精神是歷史下的產物。猶太人懷有「思想就是競爭力」的哲學，認為唯有無限擴大思想的範圍，才能成功。因此，他們不將自己局限在別人的思想內。

猶太人深信，無論年齡或職位，人人一律平等。因此，他們的溝通及爭論不分長幼貧

富。他們早已習以為常，只要對他人的意見產生疑問或有無法理解的部分，就會毫不猶豫的提問及釐清。

以色列的大學裡，無論是教授或學生，只要彼此意見分歧，就會討論數小時。無論彼此的地位高低，他們都會自由的交換意見並提出自己的觀點。

除了挑戰權威，創意得有「大頭」精神

無懼失敗的虎之霸精神是激發猶太人創意的原動力，不僅孕育出愛迪生和愛因斯坦，也催生出引領當今資訊業及創投業的多名猶太領袖。

韓國近幾年強調「創意經濟」，並努力從以色列的虎之霸精神中尋求發展動力。這固然是件好事，但是卻遺漏了必須與虎之霸精神並行、強調打拚與負責的「大頭」（Rosh Gadol）精神。

雖然從字面上看來，「大頭」指的就只是一顆偏大的頭而已，但在以色列軍隊裡，指的是「**有責任感、積極完成工作**」。與之相反的是「小頭」（Rosh Katan），意思是「**不情願，只做被命令的事**」。有了虎之霸精神後，仍必須以強調「創造美好社會」的大頭精神為基礎，才能發揮得更好。

3 不喜歡就別做，喜歡就全力以赴

猶太父母不會一味的將孩子塑造為自己所希望的樣子，而會先找出孩子的才能。因此，他們從孩子幼時就會不斷激發他的求知慾，幫助他找到自己的才能。

猶太父母不會指望孩子成為最厲害的人。他們相信，上帝賦予了每個人獨特且與眾不同的才能，他們只希望孩子能好好發揮上帝所賦予的獨特才能，成為有創意的人。**只有一個人能當「最厲害的人」，但大家都可以成為「獨特的人」。**

不求孩子更成功，只要不一樣

常有人稱呼猶太人為希伯來人（Ivri），在希伯來文中，這是「渡河而來的人」的意思，同時也引申出「獨自站在另一邊的人」之意。換言之，猶太人不會要求孩子「比別人好」，而是「與別人不同」。

猶太人不會教導孩子要比別人更聰明、學得更多或更成功，而是教導孩子要活得像上帝的選民；不要活得和別人一模一樣，而是發揮上帝所賦予的才能，活出不一樣的人生。

猶太人不會試圖透過競爭來擊敗他人，而會盡力發揮上帝賦予自己的才能。因此，對猶太父母而言，比起學校課業，研讀上帝的聖言並按照其生活，更是子女教育的首要目標。

猶太父母也不會比較兄弟姐妹之間的才智與能力，只會努力培養各自的長處，也就是培養「個性」。有一句猶太諺語說：「比較兄弟之間的才智，會扼殺任何一方；比較兄弟之間的個性，可以點亮彼此。」體現出重視個性的猶太教育觀。

猶太父母會教導孩子：「不喜歡就別做，要做就盡力去做。」被正規學校退學的愛迪生和愛因斯坦，正是在這種觀念背景之下，成為國際一流的科學家。這是猶太教育的精髓所在。尋找並培養孩子的才能，是真正的英才教育。

以前，韓國小學成績單的評分等級為「秀、優、美、良、可」。雖然是相對評價制，但個個具有美麗的含義：「秀」意為卓越，「優」代表優質，「美」意指佳美，「良」代表良好，「可」意為可造，表示所有的孩子都具備足夠的才能和可能性。

愛迪生：被判定有學習障礙的好奇寶寶

一八四七年，愛迪生出生於俄亥俄州，是七個孩子中最小的一個。他的父親為移民自荷蘭的猶太人，經營木材工廠。

愛迪生從小就對很多事情感到好奇，經常提問，但大多數人都沒回答愛迪生的問題，唯有母親會隨時一一回答。

猶太人相信，孩子出生時，上帝已經賦予了他獨特的才能。因此，養育孩子時，最大的課題是發掘上帝所賦予的才能。猶太人認為，發掘孩子才能最好的方法，就是不斷激發孩子的求知慾。求知慾會使人發現自己獨有的才能，而只要專注發展該才能，最終就能成為該領域裡的重要人物。

某日深夜，愛迪生遲遲沒回家。於是，全家都動身，找遍整個村莊。後來，父親找到正在鵝旁邊一起孵蛋的愛迪生，把他帶回家。愛迪生表示，他看見鵝孵蛋的過程，自己也想嘗試一次。談到愛迪生時，這一件趣事經常被提起。

愛迪生七歲時，搬到密西根州並在那裡上小學。他從小就充滿想像力與好奇心，一切都是他好奇的對象。

某日，老師在教「一加一等於二」時，他問老師：「為什麼一加一等於二？」但老師認為，愛迪生問的事情太過理所當然，因此很難回答。

「太陽為什麼會發光？」、「下雨時為什麼都是陰天？」、「為什麼會有風？」愛迪生不停提問，幾乎讓老

▲ 童年時期的愛迪生。

師難以繼續進行課堂教學。

人們將不斷提問的愛迪生視為一個異常的孩子，愛迪生則難以適應當時的灌輸式教育。後來，由於愛迪生不斷提問，所有老師都對愛迪生束手無策。最終，愛迪生被判定為無法跟上學校課程的「學習障礙兒童」。

相信孩子的才能，就是最好的教育

校長請愛迪生的母親到校，並告知她，學校完全無法教導愛迪生。他說，愛迪生無法理解為何一加一等於二。此時，愛迪生到戶外拿回兩塊泥球，將它們合而為一，向校長證明，一加一也可能等於一。

愛迪生的母親聽到校長主張自己的孩子有精神問題時，鎮靜的說：「我的兒子絕對不是弱智兒童，他只是擁有大量的好奇心，與其他的孩子不同罷了。我這個做母親的，比任何人都還要了解這一點。如果老師是這樣想的，我會自己在家教育他。」

於是，愛迪生的母親開始親自教導這個被判定有學習障礙、無法接受正規教育的孩子。她認為，兒子是一個喜歡大量思考、充滿好奇心與求知慾的孩子，因此她總會和兒子一起尋找問題的答案。

愛迪生開始向母親學習小學生應該學習的內容，例如寫作和算術。抱持著堅定信念的母親以積極的態度和愛迪生對話，賦予他勇氣，從不吝於稱讚孩子表現良好。愛迪生在家學習不到一年，就完成了小學的所有課程。

曾是教師的母親，為了讓愛迪生的想法及提問開花結果，不斷幫助愛迪生盡情實驗。在愛迪生十二歲之前，她一直在家裡教導著兒子。她的教育觀即是典型猶太父母的教育觀。

愛迪生的父親會買書給兒子看，要他寫讀後感。也許是為了補償自己過去無法上學的遺憾，愛迪生讀了非常大量的書，而這樣的人文素養提高了他的想像力與好奇心。

說到「問題兒童」，除了愛迪生以外，也經常以愛因斯坦為例。愛因斯坦是理論物理學的天才，卻遠非一個傑出的學生，而且不亞於愛迪生，在童年時期同樣被貼上「問題兒童」的標籤。愛因斯坦上小學時，不僅不太會說話，運動神經也很遲鈍，沒有孩子要和他一起玩。但愛迪生與愛因斯坦的共同點就是，他們都有個無私的猶太母親。

兩千次失敗，換來一次成功

十歲時，愛迪生已經在家中地下室建立了一個實驗室，開始進行實驗。他需要錢來購買實驗材料和工具時，他沒有選擇到市場上賣菜，而是挨家挨戶的賣菜，因為他認為那樣可以賺到更多錢。愛迪生將賺得的錢託給母親保管，之後再拿去購買必要的實驗工具。

因為家境貧窮，愛迪生十二歲時，在往返於家所在的休倫港和底特律間的火車上當報童，販售報紙、雜誌、零食，甚至蔬菜。報紙賣久了之後，他開始認為他也可以發售自己的報紙。

一八六二年，愛迪生年僅十五歲，就開始在火車上發售《大樹幹先驅報》（*Grand Trunk Herald*），並獲得不少利潤。他的報紙為那些因南北戰爭而難以取得新資訊的乘客，提供了很好的資訊來源。愛迪生工作的同時，也在火車車廂內設立了移動實驗室，進行多次實驗，休息時間則到圖書館閱讀。這些都奠定了他成為發明大王的基礎。

同一年，愛迪生救了站長的兒子，三歲的吉米・麥肯齊（Jimmie MacKenzie），使其免於被火車撞到。吉米的父親非常感激愛迪生，因此培訓他成為電報員，此後，愛迪生成為一名非常出色的電報員。

經過一連串的實驗，他發明了「白熾燈」，這種燈泡被視為有史以來最偉大的發明，讓人類從此可以點亮夜晚，像白天一樣生活。愛迪生發明白熾燈的一八七九年十月二一日，被訂為愛迪生燈泡日。

發明大王愛迪生有一句名言：「天才是一％的靈感加上九九％的努力。」由這句話可以看出，他是一個為了發明而不斷努力的科學家。據說，在成功發明出燈泡之前，他經歷了兩千次的失敗。對他而言，失敗只不過是找到成功方法的前一個階段。

此外，愛迪生也是世界上創造最多發明的人，擁有一千多項專利，例如播放優美音樂的留聲機、可遠距通話的電話機，以及催生當代電影的放映機。如今，以愛迪生之名註冊的美國專利，多達一千零九十三項。

當時，頂尖金融集團摩根大通預料到白熾燈被發明的可能性，便向愛迪生提議結盟。於是，摩根與愛迪生聯手成立奇異公司（General Electric Company），並在一八八二年，於紐約建造了世界上第一座燃燒煤炭的中央火力發電廠，這也是世上第一座商業發電廠。同時，第一臺發電機也被製造出來。此後，電力開始大量產出，為人類歷史劃下了新的里程碑。水力發電廠則較晚，於一八九二年出現。

十九世紀末起，美國的大城市紛紛獲得照明所帶來的好處，因此變得更加安全。

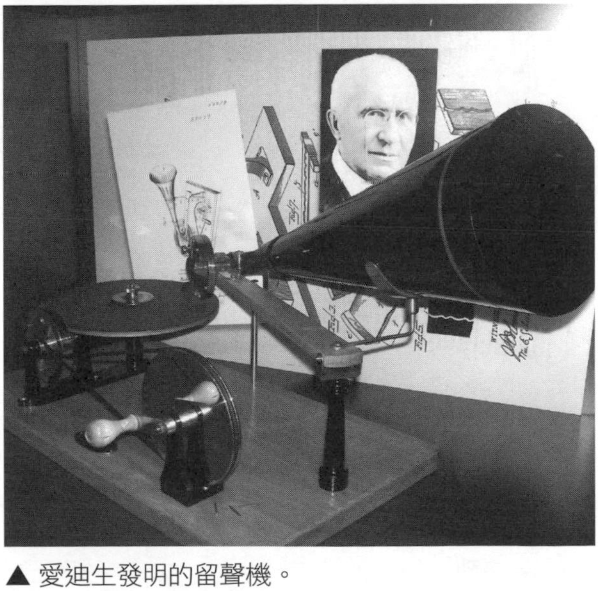

▲ 愛迪生發明的留聲機。

人類在關於電力的各個方面，都受益於猶太人。如果說照亮白天的光是上帝創造的，那麼，照亮夜晚的光就是猶太人所創造的。愛迪生發明了燈泡和發電廠，但讓兩者得以實際應用並提供大量電力的，則是摩根大通的資本力量，而摩根大通也是由猶太人所創立。

愛因斯坦曾是發展遲緩兒

愛因斯坦於一八七九年出生於德國多瑙河上的烏爾姆，是一個猶太家庭的長子。他的父母原以祖父的名字稱呼他為亞伯拉罕（Abraham），但因為這太明顯是猶太名字了，所以後來決定僅保留第一個字母A，稱呼他為阿爾伯特．愛因斯坦。父親經營一家小商店，銷售電器配件，母親是鋼琴家。在他出生的第二年，他的家人移居慕尼黑，建立了一家小型電器零件工廠，並開始從事電力工作。

愛因斯坦打從出生的那瞬間起，就讓父母非常擔心。他剛出生時，被懷疑是畸形兒，因為他的後腦杓太大了；此外，他一直不說話，所以被別人當成傻子。他是一個內省且溫柔的孩子，比一般孩子還晚學會說話，事實上，他在四歲之前都沒有說過話。在入學之後，由於他的德語很差，所以仍無法流暢的說話。

愛因斯坦五歲那年，因不舒服而住院。此時，愛因斯坦的父親送給躺在醫院的兒子一個指南針。從此以後，愛因斯坦就拿著父親送他的指南針，躺在床上看著指南針的變化。愛因斯坦隱約感覺到，一種比人類更偉大的力量，正藏在搖擺的磁針後面。他持續觀察指南針，發現自然現象背後其實是有規則的。

他日後表示，那個指南針是催生相對論的重要媒介。意識到有一股強大的力量，正移動著這個指南針，探索自然和宇宙定律的願望開始在愛因斯坦的心中萌芽。當時驅使著他的，就是好奇心和想像力。愛因斯坦認為，比起知識，想像力更加重要。他曾說：「智力的真正形式是透過想像，而不是知識來揭示的。」

在德國，發展遲緩兒被稱為「zweinstein」。但是在德語中，「zwein」是兩個的意思。換言之，若將「zweinstein」直譯就會變成「第二個愛因斯坦」，他為發展遲緩兒的未來，點亮了一盞明燈。

找出只有你能完成的事

愛因斯坦是猶太人，但他的父親並未讓他就讀猶太學校，而是就讀慕尼黑的一所天主教學校。由於學校教育過於刻板和機械化，愛因斯坦完全感受不到學習的樂趣。他厭惡德國學校的權威與專制，而經常在課堂上惹麻煩。

而且，愛因斯坦上小學時，一名信仰天主教的老師在課堂上拿出鐵釘，說猶太人是殺害耶穌的民族。於是，同學開始譴責和辱罵猶太人，愛因斯坦也因此被排擠、霸凌。面對德國教育的嚴苛及集體訓練，愛因斯坦只感到恐懼與厭惡。

愛因斯坦的成績非常差，被老師評為「學業成就不值得期待」的孩子，並且被判定為「發展遲緩兒」。班導師甚至在愛因斯坦的成績單上寫：「這孩子以後無論做什麼，都不可能成功。」

愛因斯坦的母親看了老師的評語，依然充滿信心的鼓勵年幼的愛因斯坦：「你擁有其他孩子都沒有的優秀特長。這個世界上，有些事情只有你可以做到，而且它們正等著你去完成，你必須將它們找出來。以後，你一定會成為一個優秀的人。」

母親並非相信愛因斯坦比別人更傑出，而是相信他擁有與眾不同的特殊才能。如同任何一個猶太母親會做的那樣，她開始努力尋找兒子那與眾不同的才能。

不喜歡就別做，喜歡就全力以赴

愛因斯坦的母親身為鋼琴家，從他六歲起就開始教他彈奏鋼琴和小提琴。但，愛因斯坦一開始並不想學，因此學了一年左右便暫停，母親也不再強迫他。

幾年後，愛因斯坦想演奏莫札特的音樂，於是重新開始學習小提琴。因為是出於自己的意願，愛因斯坦用盡全力學習，幾乎是小提琴不離手的程度。結果，他發現自己擁有驚人的專注力。唯有專注，事情才能真正開始。

後來，愛因斯坦在解不開複雜數學公式時，演奏了小提琴。演奏不久後，他便想到解法，大叫：「啊，原來是這樣！」只要演奏音樂，他的內心就能夠恢復平靜，這能幫助他想出解答。

愛因斯坦學習小提琴七年後，發現莫札特的音樂裡隱含著數學結構。「音樂裡面有數學」是個非常驚人的發現，他從此看見了一個嶄新的世界。他意識到，真理也可能隱藏在看不見或未知的地方，而且，唯有親身領悟才能學到更多。愛因斯坦從此堅信，事物的背後可能隱藏著真理。

愛因斯坦開始對於隱藏在可見事物的背後、那看不見的法則，充滿強烈的好奇。猶太人的教育裡，培養「好奇心」和「自行解決問題的能力」是最重要的。而愛因斯坦就這樣帶著好奇心與想像力，獨自發現越來越多隱藏的真理——科學定律，並且樂在其中。

愛因斯坦十二歲時，學校還沒教到幾何學，他就先自行學會了。而且，幾何學的規律性和邏輯性在他的腦中留下難以抹滅的深刻印象。當年僅十二歲的他，便決心此生都致力於解開大千世界的奧妙，這也成為他日後當上物理學家的原動力。

求知慾是最好的老師

父親給愛因斯坦的閱讀教育，為愛因斯坦帶來極大的幫助。他的父親平時在家就閱讀許多古典文學作品，愛因斯坦在這樣的家庭氛圍中長大，童年時期便大量閱讀，且在十二歲時自行讀通勒內·笛卡兒（René Descartes）的《幾何學》（*La Géométrie*），十四歲時閱讀伊曼努爾·康德（Immanuel Kant）的《純粹理性批判》（*Kritik der reinen Vernunft*）。

此外，他也閱讀柏拉圖（Plato）、約翰·彌爾（John Stuart Mill）、大衛·休謨（David Hume）、卡爾·皮爾森（Karl Pearson）的著作，培養自己的人文素養。

愛因斯坦小時候曾經是個發展遲緩兒，長大後卻能夠發揮出得天獨厚的才能，其中很大一部分要歸功於人文經典的幫助。

後來，愛因斯坦父親的事業開始走下坡，除了愛因斯坦，全家都在一八九四年搬離慕尼黑，遷往義大利米蘭。而愛因斯坦為了完成路易博德文理中學（Luitpold Gymnasium，後更名為愛因斯坦文理中學）的學業，獨自留在慕尼黑繼續學習。然而，由於歷史、地理和語言學的成績過低，愛因斯坦沒能取得畢業證書，並在十五歲時肄業。

愛因斯坦前往義大利與家人會合時，正在讀一些自己感興趣的著作，例如牛頓（Isaac Newton）、史賓諾沙和笛卡兒等人的作品。日後他回想道，當時的他懷抱著強烈的求知慾，但沒有任何人察覺到。倘若當時的他被要求像其他孩子一樣，持續被壓抑的話，他卓越的才能也許就不會開花結果。

愛因斯坦十六歲時，自行學會了微積分。那段期間，他也閱讀阿隆・伯恩施坦（Aaron Bernstein）的《自然科學通俗讀本》（*Naturwissenschaftlichen Volksbücher*），深深著迷於大自然的現象和定律。

由於家庭經濟狀況不佳，愛因斯坦必須盡快謀職。為了成為工程師，他希望就讀理工大學。但，沒有中學畢業證書的他，任何大學都進不去。雖然他後來得知瑞士蘇黎世聯邦理工學院的入學考試不要求提供中學畢業證書，但前往應試後，卻沒通過文科考試。

不過，理工學院的院長注意到愛因斯坦出色的數理成績。一八九五年十月，在院長的幫助下，愛因斯坦進入受瑞士教育家裴斯泰洛齊（Johann Heinrich Pestalozzi）影響所創建的阿勞州立中學就讀一年。

他很喜歡那裡自由的學風，且非常熱衷於學習，最後通過了蘇黎世聯邦理工學院的入學考試。

據說，愛因斯坦大學時很少出現在課堂上，反而經常與朋友討論政治、宗教、科學、數學，以及拉小提琴，愉快的度過了大學生活。不過，他沒有出現在課堂上，並不代表他疏於學習。他決心成為一名數理學家，並透過自學的方式完備相關基礎知識。

思考的第一個祕訣：想像力

猶太人啟發大腦的第一個祕訣在於「想像力」。猶太人是最早相信抽象事物的民族，當其他民族只相信看得見的太陽、山、金牛犢（按：當摩西上西乃山領受十誡時，以色列人製造的一尊偶像）等神明時，猶太人便開始相信看不見且抽象的上帝。他們是最早發揮想像力的民族，並且透過想像力，進而發揮創意。

愛因斯坦能夠提出相對論，也要歸功於想像力。十六歲那年的某個夏日，愛因斯坦一邊散步一邊思考著，突然好奇：「人類能夠以光速奔跑嗎？」這就是他日後提出「相對論」的契機。

後來，一九〇五年，愛因斯坦在瑞士專利局擔任鑑定員的期間，於德國《物理年鑑》（*Annalen der Physik*）接連發表五篇重要論文。在一個月內，他便連續發表有關布朗運動、光電效應和狹義相對論的論文。這三篇論文的主題雖不同，卻都具有重要的價值，大大拓寬了物理學的範疇。這是愛因斯坦大展才華的一年。

同年七月，愛因斯坦發表關於分子運動與能量的博士論文《分子大小的新測定法》（*Eine neue Bestimmung der Molekiildimensionen*），取得蘇黎世大學博士學位。接著，他在八月發表關於質能等價（$E = mc^2$）的論文。一九〇五年可謂愛因斯坦備受祝福的一年。

一九一五年，愛因斯坦發表廣義相對論（General relativity），將過往發表的狹義相對論擴展為涵蓋重力的理論。根據該理論，愛因斯坦預言「在大質量物體的重力場中，光會被彎曲而偏折」。

要確認這一預言的正確與否，可以觀測日全食期間，太陽邊緣附近可見恆星的位置。假如恆星發出的光線被太陽的重力場彎曲，則恆星的位置將略有偏移。第一次世界大戰結束後不久，一九一九年五月二九日，英國科學家觀測日全食，證實了廣義相對論的正確性。於是，愛因斯坦成為享譽全球的人物，而他的理論也顛覆了所有人的認知。

同年十一月七日，《泰晤士報》（*The Times*）以「科學革命：牛頓主張已被推翻」為標題，大幅報導廣義相對論，其他國家的媒體也爭相報導這一重大事實。

愛因斯坦作為一名偉大的科學家，不僅在學者之間，在大眾之間也廣為人知，因此記者爭相採訪，信件亦大量湧入。多數人皆無法理解愛因斯坦的相對論，但相對論是如此的革命性，以至於愛因斯坦被譽為「地球上最偉大

▲ 愛因斯坦72歲生日當天的照片，其中一張有他親筆簽名的照片，在拍賣會上以12萬5千美元成交。

的天才」。

愛因斯坦曾說：「教育的目的並不是培養出機械化的人，而是人性化的人。教育的關鍵在於讓對方了解『互相尊重』的美好之處。局限於既定框架內的教育對人類無益，教育者的最大使命是要啟發對方對於知識及創意的喜愛。」

今日，我們觀看衛星電視或使用導航系統時，應該至少在心中表達一次對於愛因斯坦的感謝。因為，愛因斯坦為人類開啟了探索宇宙的大門，間接推動了前述事物的誕生。由於他提出相對論，人類才得以發射人造衛星與執行太空任務。愛因斯坦是二十世紀最有影響力的人物之一。

無人理睬的大導演史匹柏，不怕放手去做

有一個平凡的猶太少年，在學校被朋友孤立，經常落單，只因為他是猶太人。他的母親回憶道：「在學校的四年間，他都只拿到C的成績。」他的妹妹則表示：「有很多人藐視他，譏笑他是長滿痘子、沒膽又怕生的四眼田雞，甚至有人認為他是生性怪異的膽小鬼和傻子。」

他的小學班導也說：「他是一個非常安靜的孩子，沒什麼朋友，令人很心疼。他很善

良，也很靦腆，個子很小，且沒什麼突出的特點。當其他孩子都隨心所欲的玩耍時，他卻不曾如此。雖然我不清楚原因是什麼，但我認為可能是因為他缺乏自信。我做夢都想不到，他長大後會達到現在的成就。」

此外，這名少年曾因為閱讀障礙而飽受折磨，一度被編入發展遲緩兒的班級中，並在高二那年暫停學業。這名少年是史蒂芬．史匹柏。但，如果只看前面的敘述，這名少年完全不像一個有前途的人。

然而，他在三十六歲時，卻成為平均每日收入五十萬美元的億萬富翁，住在一棟要價一千兩百萬美元、內含影廳的豪宅裡，名利雙收。史匹柏小時候絕對不是一名天才人物，而是一個明顯資質較不好的孩子。然而，如今史匹柏卻成為全球百大富豪之一，個人財產高達三十億美元。很多人只知道他是著名的電影導演，但他同時也是一名製片人，並且創辦了夢工廠電影公司。

史匹柏曾經是個表現落後同儕的孩子，但卻能夠實現自己的夢想，有很大一部分要歸功於父母對他的影響。史匹柏的童年時期過得非常自由，而他的母親利亞．阿德勒（Leah Adler）當時便與一般的母親不同。她一生都具備孩子般的感性，不僅百分之百信任她那不一般的兒子，也放手讓他做自己想做的事。

特殊教育方式：任何空想，都有可能成功

史匹柏的母親阿德勒是一名富含音樂才華的鋼琴家。結婚後，基於經濟考量而放棄成為藝術家，但她從未停止彈鋼琴，家中總是充滿著古典音樂。因此，史匹柏自孩提時期就經常在母親的懷抱裡一邊聽音樂、一邊打拍子。

史匹柏的熟人表示，這種音樂上的影響，就是史匹柏的創意來源，因為他從胎兒時期就一直在聆聽母親的鋼琴聲，美妙的琴聲烙印於他的體內。

阿德勒知道她的兒子懷有大量的好奇心和想像力，她不會限制兒子與眾不同的行為。比起當時一般的母親，她不僅更加開放和進步，也具有寬容的美德。

史匹柏開始上學後，對學習並不感興趣，經常獨自沉浸在空想之中，且未獲任何人的關注。然而，阿德勒從未放棄對於他的信任和期待，她始終相信自己的孩子和其他孩子有所不同，而這種積極的態度影響了史匹柏。

後來，阿德勒談到她對待孩子的方式，是將孩子視為獨立的個體：「我不會對孩子說教，會像朋友一般對話。所以，我的勸告或建議不會讓孩子感到不耐煩，孩子也會誠心的接受我的建議。很多孩子不會百分之百的聽從父母說的話，但我和我的孩子就像朋友一樣，我希望他們將我視為朋友。」她比喻：「教育子女，就像和子女一起跳舞，你一定要讓孩子擔

任領舞的那個人。」

阿德勒經常與兒子對話，聆聽兒子的故事、了解他的想法。史匹柏曾經在採訪中表示：「經常陪在我身邊、和我說話，而且最願意聽我說話的人，只有我的母親。」

不過，史匹柏的才華並非完全源自母親。他的電影中，充滿了對各種先進技術的熱誠，及電影製作相關的專業技術，而這方面的才華遺傳自他的父親。

他的父親擁有電腦相關的多項專利，在機械工程領域表現格外出色。史匹柏雖然不像父親一樣對機械工程感興趣，但他對電影製作很有興趣，且擅長使用先進設備來拍片，這方面的才華正是遺傳自父親。

而且，他的父親很積極的培養兒子的創意和想像力。某天晚上，父親帶著兒子開車到一片沙漠之中。看到父親一言不發就帶著他前往沙漠，史匹柏嚇壞了。

「那時，我十歲左右，與家人住在亞利桑那州。某天晚上，我突然被父親叫醒，仍穿著睡衣，就被父親急急忙忙的載上車。我完全不知道是什麼狀況，簡直嚇壞了。當時，母親沒和我們一起上車，我一直在思考究竟發生了什麼事。父親帶了一

▲史蒂芬・史匹柏與他的母親利亞・阿德勒。

條毯子和一個裝滿咖啡的保溫瓶，開了大約三十分鐘的車，最後停在路邊。

「在那裡，有好幾百個人躺在地上，凝視著夜空。父親找到一處空位，將毯子鋪在地上，和我一起躺了下來。父親指向夜空，接著，我眼前是一整片流星雨，成千上萬顆流星劃過美麗的夜空。但是，會出現這種自然現象，氣象局想必早就預報過了，讓我如此驚訝的是父親的舉動，甚至可以說是驚嚇。同時，我又對於這種現象的原因感到非常好奇。」[13]

對於史匹柏而言，那是一次非常「浩瀚」的經歷。不僅成為他的想像力來源之一，更成為他日後變成電影導演、大獲成功的重要契機。

暢銷電影，是這樣拍出來的

一九四六年，史匹柏出生於俄亥俄州的辛辛那提市，為猶太家庭中的長子。他的母親雖然成長於信仰猶太教的家庭之中，但她並不想讓自己的孩子在成長的過程中，被局限於猶太人的社群裡，於是選擇居住在基督徒的社區裡，讓孩子能與其他孩子自由互動。

但是，其他孩子經常嘲弄史匹柏是猶太人這件事，導致史匹柏經常與其他孩子發生爭執。那時，他的母親總會耐心傾聽孩子的主張，並幫助他們做正確的判斷。

史匹柏在學時，不斷的被同學霸凌。他住在沒有其他猶太人的亞利桑那州鳳凰城附近時，被同學嚴重排擠和侮辱。高中時，有同學刻意絆倒他，或拿硬幣丟他，說猶太人過於貪婪，並且要求他將硬幣撿起來。

史匹柏表示，當時的他非常憎恨學校。由於他在十二歲時，就下定決心要成為電影導演，他完全無心於課業，甚至會在上課時沉浸於遊戲之中，在每一頁畫上圖片，接著快速翻頁，讓圖片變成連續動畫。但是，因為父親只允許他在保持一定成績的前提下拍電影，他只好勉強用功，最後低空飛過。

十三歲那年，史匹柏經常被一個大塊頭的孩子毆打，電影《回到未來》（*Back to the Future*）裡經常欺負主角父親的少年惡霸，便是影射那名曾經再三刁難他的孩子。史匹柏在日後回顧道，當時的他想著：「若贏不過對方，就要想辦法跟對方妥協。」

於是，他提議由對方擔任他正在製作的電影的男主角。對方不僅同意了，兩人還成為很要好的朋友。史匹柏在十五歲那年，就完成了他的第一部電影《無處藏身》（*Escape to Nowhere*）。

高中時，史匹柏迷上父親買給他的柯達八釐米（8mm film，電影底片尺寸標準，八釐米為通俗的稱呼，最正確中譯為八毫米）攝影機，正式踏上成為一名電影導演的路。十七歲那年，他執導的八釐米電影《火光》（*Firelight*），片長約兩個半小時，講述一群科學家調查夜空中神祕光輝的故事。

電影完成後，史匹柏的父親租下當地的一間劇院，讓電影上映，一天就賺回了五百美元的製作成本。

史匹柏在進入大學之前，便經常潛入環球影業的拍攝現場，且多次被警衛趕走。為了從正門進入，他甚至嘗試身穿西裝、手提父親的公事包，將自己假扮成員工。

他一度找到一間空的辦公室，貼上「史蒂芬．史匹柏」的名牌，終日流連於拍攝現場，如此持續好幾天。當他透過這種方式，親眼看見希區考克（Alfred Hitchcock）等導演工作的模樣時，他便夢想自己有朝一日也能夠成為一名大導演。

大學期間，史匹柏主要拍攝較為神祕且偏向私人主題的電影。但在這段期間，不知出於何種原因，他也拍了一部具有強烈商業性質的電影，即一九六八年上映的三十五釐米電影《安培林》（*Amblin'*）。這部片長二十六分鐘的電影，講述一名男孩和一名女孩，從莫哈韋沙漠一路搭便車到太平洋畔的故事，是一部流暢而抒情的作品。

雖然後來史匹柏將《安培林》比作百事可樂（Pepsi）的廣告，為它感到羞恥，但這部電影卻意外為他帶來好運，分別在亞特蘭大影展和威尼斯影展上得獎，並引起環球影業公司高層的注意。

當時在環球影業公司擔任電視部門負責人的西德尼．希恩伯格（Sidney Sheinberg）對這部電影印象深刻，遂與史匹柏簽下為期七年的合約，而當時史匹柏年僅二十二歲。

稱霸好萊塢、最具影響力的電影導演

於是，史匹柏正式成為一名電影導演。在拍攝《大白鯊》時，機械製成的鯊魚不斷故障，使成本不斷上升，電影也延遲上映，他面臨著被製片公司開除的危機。但是，他堅持完成電影。原本的製作成本為三百五十萬美元，但電影拍完時，投入的製作成本卻變成原來的兩倍。不過，《大白鯊》在美國上映一個月，就得到六千萬美元的票房。

之後，史匹柏利用電腦繪圖的技術，完成歷史性的電影《侏羅紀公園》，並陸續執導《搶救雷恩大兵》和《法櫃奇兵》等許多傑作。他不僅擔任導演，也擔任製片人，例如他的朋友，喬治・盧卡斯（George Lucas）的《星際大戰》（*Star Wars*）系列。他被電影雜誌《首映》（*Premiere*）選為好萊塢最具影響力的人物，從「骯髒的猶太人」蛻變為「最具影響力的電影導演」。

史匹柏的創意源於想像力、好奇心和挑戰精神。其中，成功的關鍵絕對是他無限的想像力。他的電影充滿了幻想、冒險和對於未知事物的好奇，他既古怪又異想天開

▲ 創下歷史電影票房新紀錄的《大白鯊》。

的想像力，也在電影中完整的呈現出來。

史匹柏雖然經歷過猶太教的成年禮，但他一開始並不是一個忠於教律的猶太人，而是直到成名後，才確立自己身為猶太人的身分認同。

他皈依猶太教後，拍攝了《辛德勒的名單》。透過這部片，他正視了經歷納粹大屠殺而飽受摧殘的猶太同胞，並藉此警惕世人防止悲劇重演。談到讓世人認識納粹大屠殺慘況的《辛德勒的名單》，史匹柏表示，他希望向世人宣揚《塔木德》所教導的：「拯救他人的靈魂，等同於拯救世界」。此外，有影評人指出，推出兩部續集的《回到未來》系列電影，要傳達的也是猶太教會所祈禱的「讓我們的時代和過去一樣嶄新」。

亞伯拉罕的後代希望以「聖木」（Holy Wood）建造教會，對全世界帶來影響；如今，他們所創造的「好萊塢」，正時時刻刻撼動著全球。[14]

4 世代相傳的餐桌教育

「上帝首先創造了亞當。亞當在看管其他造物時，看似過得幸福，實際上卻很孤獨。於是，上帝從亞當的身上取下一根肋骨，造了一個女人，要兩人共同生活。亞當為此而歡喜。」——《創世記》第二章十八到二十五節

猶太人擁有與眾不同的家庭觀。猶太人認為，家庭是上帝送給每個人最寶貴的禮物。他們相信，上帝創造亞當和夏娃之後，所做的第一件事就是讓兩人結婚，組成家庭。

父親是猶太家庭裡的核心，因為代替上帝帶領整個家庭，而具有權威性。猶太父親經常透過餐桌上的教育和枕邊故事來教導孩子。無論有多忙，他們都會盡力與家人共進晚餐與進行談話。談話通常始於家人對彼此的讚美和鼓勵，接著針對《聖經》、《塔木德》或其他事項，互相提問與討論。

猶太人將這樣的餐桌文化視為理所當然，他們相信，透過提問和討論，能夠培養子女的思維和洞察力，幫助孩子過上成功的人生。

共組家庭靠牽線，經營婚姻靠契約

與歐美社會不同的是，媒妁之言在猶太社會裡很普遍，主要是由社群當中兼具學識與德望的學者或耆老出面說媒，替很相配的人牽線。《塔木德》中提到，一對理想男女的結合，是比「摩西分紅海」還偉大的奇蹟。換言之，人人夢寐以求的幸福婚姻，並不比「將海水一分為二」來得容易。

猶太諺語有言：「唯有努力能夠勝過奇蹟。」如果遇到理想對象、和對方結婚是奇蹟，那麼，兩人共同努力成為彼此的理想對象，是一件更偉大的事情，也就是所謂的「愛」。

猶太心理學家埃里希．弗羅姆（Erich Fromm）的《愛的藝術》（*The Art of Loving*）所談的正是愛。也就是說，對猶太人而言，比起自由戀愛後再結婚，透過相親的方式見面、結婚並付出努力和心意來組成家庭與維繫愛情，是一件更偉大的事。

猶太男子滿十三歲、女子滿十二歲，並舉行成年禮

▲ 猶太人在象徵「家」的華蓋下舉行婚禮。

之後，方可結婚。猶太人會在象徵「家」的結婚華蓋（chuppah）下舉行婚禮。結婚華蓋具有重要的意義，代表著與他人相處融洽、保持良好的人際關係，強調團體生活的重要性。

拉比朗讀完婚姻契約後，婚姻即產生法律效力。婚姻契約是一項法律措施，裡面寫明了新郎的義務、新郎要支付給新娘的錢及新娘的嫁妝，從古代起，就保障妻子的經濟地位，並且增加丈夫提出離婚的難度，顯示出猶太人進步的思維。

假使丈夫去世或提出離婚，妻子可以退回婚姻契約，並拿回契約中規定新郎要支付給新娘的錢與新娘帶來的嫁妝。

而猶太人結婚時，新郎都會給新娘一份婚姻契約，希伯來文稱為「ketubah」。與基督教不同的是，在猶太教裡，離婚是合法的。目前最早的婚姻契約可追溯至西元前五世紀，在埃及的斐萊島（又稱象島）上發現。西元前五八六年，猶大王國滅亡，許多猶太人因而輾轉至南方的埃及居住。

以往，結婚時，新郎必須送禮給女方，才能將新娘娶進門。因此，如果經濟上負擔不起的話，男性就很難結婚。為了去除這項弊病，西元前一世紀，拉比謝塔赫（Simeon ben Shetach）將制度改為在婚姻契約裡寫下新郎要支付的金額，但新郎實際上無須支付，只是假裝已經支付了。

猶太人的婚姻契約是一種為女性設想的制度。在古代社會裡，女性的權利不被尊重，丈夫很輕易就能夠將妻子趕出家門。

但是，在猶太社會裡，丈夫很難這麼做。假使丈夫想與妻子離婚，他必須將婚姻契約裡寫明的金額實際支付給妻子。也就是說，結婚時無須支付，但要求離婚時就必須支付大筆費用，這樣的制度設計是為了保護比較弱勢的女性。猶太人那麼早就發展出這樣的女性保護制度，實在令人驚訝。

為了維繫婚姻，猶太人一直都保有婚姻契約的習俗。因為他們相信，家是受到上帝祝福的最美共同體。

成家立業之前，先成為成熟的大人

猶太人的離婚率是全球最低的，因為他們認為，家比世上任何事物都更珍貴。婚禮舉行的一年前，他們便開始籌備。那一年期間，準新人將學習許多關於結婚的大小事，並將結婚喜訊告知遠在他方的親戚、寄出喜帖及預定機票。

而為了參加新人的婚禮，親戚很早就會開始規畫行程，休假一週，以便與家人相聚。

猶太人非常重視婚禮，因為婚禮是唯一可以造就「虔誠百姓」的儀式。

猶太新郎與新娘結婚時，會一同前往猶太婚姻教育中心。要建立一個神聖的家庭前，有很多事情需要學習；甚至，許多新郎會在結婚後，進入猶太學校繼續學習。在巴爾的摩有一所猶太學校，數千名的正統派猶太人子女經常在裡面研讀《聖經》與《塔木德》。

其中，正統派猶太男子無論是在學、畢業或已婚，都會在猶太學校裡學習《聖經》和《塔木德》至少一年。而那段期間，新娘將負責維持家計。這代表，男子正式踏入社會與家庭之前，應該成為心靈成熟的人，才能好好領導社會與家庭。

父親的權威性是子女的精神支柱

猶太社會基本上屬於父系社會。猶太家庭裡，有一種椅子具有獨特的權威性，唯有父親才能夠使用，其他家庭成員不得坐上去。猶太人認為，父親的權威來自上帝，等同家中的祭司。

希伯來文裡，父親讀作「abba」，在《聖經》中具有四種含義：一、供給者；二、保護者；三、引導者；四、教育者。我們經常稱上帝為天父，也是相同的概念。

也就是說，家庭中的父親與猶太會堂中的天父進行著相同的事工。父親提供我們每日所需的糧食，保護我們免於遭受危險，引導我們向前，並且教育我們要活出上帝的樣子。而且，在家庭中，無論是父親或天父，兩者都扮演著相同的角色，都是教育者。

父親是猶太教育裡的導師。猶太人都說：「不知道的話就問父親，父親不知道的話就問拉比。」

猶太民族傳統上採行家父長制。《塔木德》裡面的傳統強調，要尊重父親的權威性。家庭中的重要決定總是由父親做出，而妻子永遠都會尊重身為家中祭司的丈夫，並且遵從其決定。由此可見，妻子必須協助樹立丈夫在家中的權威性。倘若妻子忽視丈夫的權威性，子女就會忽視父親的權威性。

子女如果在成長的過程中看見母親無比的尊重父親，他們將對父親產生絕對的尊重與信任。這是讓猶太家庭運作得井然有序的原動力。

猶太人的創意，是在餐桌上聊出來的

在韓文裡，家庭的漢字表記為「食口」，意指一起吃飯的人。對韓國人而言，餐桌不僅具備用餐這一原始目的，亦作為展現禮節與進行教育的場所。以前，祖父母、父母及所有的兄弟姐妹都一起用餐。晚輩起床後，必須先準備好祖父母的盥洗用水，最後才輪到自己。之後，所有人圍坐在餐桌旁，等祖父動碗筷，才開始用餐。

餐桌上不僅是用餐而已。父親必須稟告祖父有關家中的大小事及其他事項，晚輩必須聆聽長輩的教導。這些禮節與禮儀，對於維持家中秩序及強化成員之間的關係至為重要。餐桌是家庭教育的場所，成員之間會自然的形成秩序、進行分工以及對話。

即使是在結婚後，猶太人也會在新組成的家庭之中實行這樣的餐桌教育。猶太人認為「與家人一同用餐」是家庭成員都應該遵守的寶貴義務之一。

猶太人用餐前，都會先進行感恩的祈禱，感謝家人相聚，感謝上帝同在。父親會感謝妻子所做的一切，並祝福子女。因此，父親的位子被稱為「祝福之位」。

接著，母親會具體表揚孩子做得好的事情，並且予以鼓勵。針對子女所做的事情，猶太父母更重視過程，而非結果，以鼓勵孩子為了達成目標而付出努力。

猶太人一直以來都是重視過程，勝於結果。甚至，有一句猶太諺語是這麼說的：「若天使出現在我眼前，要教我《妥拉》的一切，我會拒絕。因

▲ 猶太人會在用餐時進行餐桌教育。

為，學習的過程遠比結果重要。」

如此以祝福、稱讚與鼓勵而展開的一頓飯，必定充滿愉快的氛圍。猶太人認為，餐桌是一個珍貴的場所，家人可以聚在一起吃飯，透過對話來更加了解彼此，以及感受並展現對家人的愛。而且，用餐時間也是家人分享彼此的日常生活、互相交流的重要時間。

這是猶太人一直以來的傳統。一家之主無論有多麼忙碌，都會盡可能與家人共進晚餐。因為，每一代的猶太人都會從自己的父母那裡學到這樣的傳統。

猶太人用餐時，絕不提及敏感話題或嚴厲訓斥孩子。因為，「不給孩子負擔」是重要的原則。父母即便有事必須訓斥孩子，也會等到用餐完畢才進行，在餐桌上絕對不罵孩子，因為他們非常重視餐桌上的對話。

猶太人會避免對孩子說出負面的話，盡可能說出正面、同理的話。孩子說話時，父母不會中途打斷，而是聆聽到最後。餐桌上是孩子不知不覺、自然而然的向父母學習耐心、禮節、謙恭、分享、節制和關懷的場合，也是集用餐、家庭教育和敬拜於一處的場所。

保守的正統派猶太人的餐桌就像宣講教義的教會一樣，每次用餐都會學習《塔木德》，即便有賓客來訪，也照樣進行。

無論如何，餐桌上一定會進行信仰教育與人生教育，毫無例外。即使是不在餐桌上學習《塔木德》的一般家庭，也通常會教導歷史、律法和道德。

即使有些家人因為工作出差或結婚而無法一同用餐，猶太人也會為他們留下位子並擺好餐具，表示家人即使分開，心也永遠在一起。猶太人之所以擁有強大的家族向心力、合作精神與共同體意識，都要歸功於這樣的餐桌教育。

生活越是忙碌的人，越努力維持餐桌教育。以剛才提到的著名導演兼製片人史匹柏為例，倘若已到晚餐時間，卻還有重要的工作會談，他便會邀請對方在家中共進晚餐，可見他是多麼努力維持與家人共進晚餐的習慣。

猶太人最重視的就是家庭。事實上，飲食戒律規定，丈夫在家中必須吃妻子準備的食物。猶太人的律法，本身就是為了引導他們過上以家庭為中心的生活。

谷歌創辦人佩吉曾說：「每次用餐時都會展開熱烈的討論，所以我不得不持續閱讀、思考和想像。」史匹柏也說過：「即使我無心課業，沉迷於其他領域，成天無邊無際的想像，我的父母也都會聆聽我說話，並且鼓勵我、說很有趣。」

史蒂芬．史匹柏長大後，他都會在用餐時與子女一起玩「接續說話」的遊戲，家人輪流編造情節，最後完成一則故事，其中有轉折，也有出乎意料的結局。不僅有助於啟發孩子的創意，也能作為電影的靈感來源。

哈佛大學教授凱瑟琳．斯諾（Catherine Snow）博士的研究指出，**透過閱讀，三歲孩童可以學習到一百四十個單詞，透過家人用餐時的對話，卻可以學習到一千多個單詞。**

不專注於缺點，多多稱讚和鼓勵

有句話說：「每句話都是一顆種子。」話就像播在土裡的種子，時間到了就會結出果實。從這個角度來看，話具有創造力，也具有破壞力。基本上，人人都希望獲得他人的認可，尤其在幼兒期、兒童期及青少年期，這方面的需求特別明顯。

另一句俗語是：「稱讚能令鯨魚跳舞。」稱讚和鼓勵可以振奮人心，激發孩子的潛力，並且成為孩子堅持下去的動力。

當你稱讚和鼓勵孩子，孩子將獲得動力，持續做出能夠獲得稱讚的行為。如果孩子持續被鼓勵，行為獲得回報，就會形成正向的良性循環，孩子會繼續做出更多受到稱讚的行為。孩子長大後，也會不吝於稱讚他人。

反之，如果父母一開口就是指出孩子的缺點，孩子會不停辯解或誓死反駁，導致父母容易變得激動、繼續斥責，進而破壞親子間的感情。因此，父母不應該將焦點放在孩子的缺點，而是應該先專注於發展孩子的良好行為。良好行為越多，缺點就會變少。

佛洛伊德曾說：「備受家人愛惜的人，一生都會散發出成功之人的氛圍。而他對於自己將要成功的信心，也會使他更常成功。」

英文動詞「praise」用在人類的身上時，是「稱讚」的意思；用於上帝的存在時，則會變成「頌讚」。上帝的確是值得頌讚的，但相比起來，人類卻不是那麼值得稱讚的物種。然而，上帝依然愛著亞伯拉罕的子孫，祂說：

「惟你以色列我的僕人，雅各我所揀選的，我朋友亞伯拉罕的後裔；你是我從地極緊握領來的，從地角召來的，且對你說，你是我的僕人，我揀選了你，並沒有棄絕你。你不要害怕，因為我與你同在；不要驚惶，因為我是你的神。我必堅固你，我必幫助你，我必用我公義的右手扶持你。」——《以賽亞書》第四十一章八到十節

猶太人永遠記得這段話。為了不辜負上帝對自己的期望，他們不斷稱讚、鼓勵彼此，並且努力活出上帝所悅納的樣子。

即使犯錯，也先進行對話

猶太人訓斥孩子時，會避免在憤怒的狀態下說話。他們會先透過祈禱來平息內心的憤怒，冷靜下來之後，再開始與孩子對話。而這時，比起責罵，父母會先詢問孩子為何做錯、下一步是什麼，讓孩子花點時間思考和反省。

即使是在必須體罰的情況下，父母也不會大聲斥責，而是持續與孩子對話。如果孩子看見父母願意傾聽自己的意見，就不會感到委屈。而且，透過來來回回的對話，孩子會真誠的反省自己的錯誤。

父母責備孩子時，規則必須清清楚楚，並且**不說任何侮辱孩子或貶損人格的話**。這是為了保護孩子作為一個獨立個體的自尊。

猶太人認為，基於教育目的，體罰是必要的手段。他們相信，體罰具有教育意義；捨不得體罰，也可能反害孩子最後成為壞人。

「不忍用杖打兒子的，是恨惡他；疼愛兒子的，隨時管教。」——《箴言》第十三章二十四節

這是《聖經》裡面談到體罰的段落。不過，猶太人進行體罰時，有其原則。一句猶太諺語說：「必須打孩子時，只用鞋帶打！」如果孩子犯錯，父母會在其臀部上施行體罰，但絕不會觸及頭部，且絕不使用掃帚等器具。

猶太父母即使對孩子體罰，也絕不會威脅孩子，因為，威脅不是「愛」的行為。若不是懲罰，就是原諒。為了幫助孩子正常成長，父母對孩子實施體罰之後，一定會抱一抱孩

子，以免孩子的內心受傷，這是很重要的原則。尤其是責罵孩子的那一天睡前，父母一定會給孩子一個溫暖的擁抱。

講床邊故事，四歲就認得一千五百個詞彙

猶太父母的生活中必不可少的一件事，就是在床邊為孩子朗讀或講故事。自孩子滿週歲起，他們就會在床邊為孩子朗讀童話書或講故事，講有關祖父或祖先的故事，或是《聖經》裡有關大衛（David）、歌利亞（Goliath）或參孫（Samson）等人的故事。透過這些故事，來培養孩子的民族榮譽感。

孩子比較大之後，父母開始會在朗讀故事之後詢問孩子的感想。儘管只是讀完一本童話書，也要培養孩子思考的習慣。請孩子說出自己的感想或對於書中人物的看法，對孩子的思維訓練很有幫助。

孩子躺在床上時，父母以溫柔的聲音朗讀或講故事的話，孩子便會漸漸睡去。床邊故事能夠增加孩子的想像力，而孩子也會對父母產生深深的愛與信賴。

父親在孩子睡覺前朗讀或講故事的這段時間，被稱為「床邊故事時間」。無論多麼忙碌或疲憊，猶太父親一定都會講至少十五分鐘的床邊故事，有時候也會低聲唱搖籃曲。毫無

疑問，這些床邊故事和搖籃曲必定能夠豐富孩子的情感。

猶太人認為，父母最重要的義務是在孩子滿十三歲以前進行良好的教育，其中又以餐桌教育和床邊故事最為重要。由於父母從孩子滿週歲起就進行餐桌教育和在床邊朗讀故事，猶太孩童四歲時便認識一千五百個以上的詞彙。

孩子聽故事的同時，不僅能夠自然而然的學習到抽象概念，也能夠體會不同種類的情感。而聽完故事後，透過表達感想，孩子便得以發展思維和表達能力。孩子長大後，將會對閱讀擁有極大的好奇心與專注力。

我的孩子在國外上學時，發現那些一起學習的猶太孩子讀了很多書，不僅情感豐富，理解力也很高。因此，猶太學生的SAT測驗英語成績，整體上也優於其他學生。

據說，孩子的大腦在兩歲之前會發展至六〇%，上小學之前發展至九〇%。這就是為何，入學前的家庭教育很重要。

《申命記》第六章第七節提到，無論行在路上、躺下、起來，都要殷勤教訓你的兒女。猶太人為孩子講床邊故事，便是在實踐這段經文。對他們而言，這不是可以自由選擇的事情，而是來自上帝的誡命。

透過在床邊講述祖先或民族偉人的故事，猶太父母能夠教育孩子身為猶太人的自我認同。猶太人充滿苦難的歷史是重要的教育內容之一。在幼年時期認識那段苦難的歷史，能夠讓人的心靈變得成熟。

有例子可以證明，父親每晚在床邊講故事，能夠發揮出強大的力量。美國紡織品製造商摩登坊（Malden Mills）在一九九五年底發生了一場工廠大火，對於面臨寒冬、束手無策的三千名西班牙裔工人而言，那場大火有如青天霹靂。執行長亞倫·費爾斯坦（Aaron Feuerstein）同樣感到悵然若失，但他向三千名工人承諾，三個月後將會復工，而且復工之前，他將照常支付健康保險費、薪水和獎金。

聽聞這個決定，全美國的媒體都大大讚揚他是「一九九〇年代的聖人」。甚至連總統柯林頓（Bill Clinton）都邀請他到白宮，給他祝福。

費爾斯坦表示，身為正統派猶太教徒，他只不過是實踐自己從父親的床邊故事中學到的先賢智慧，兩千年前的猶太聖賢希勒爾如此教導：「面臨道德混亂時，請在為人處世方面做到最好。」

安息日的意義

猶太教有兩大支柱，一是家庭，二是學習。基於這樣的宗教觀，猶太人習慣將「照顧及守護家庭」視為最寶貴的價值之一。簡言之，猶太人是一個「生活即宗教，宗教即生活」

的民族。

猶太教基本上反對出於自私考量的節育或墮胎，因為猶太人認為，沒有孩子的家庭是不被祝福的家庭。人類所能做的最大善行就是生育越多的孩子，照顧他們長大，以及建立美好的家庭。

根據猶太律法，每個男女都有義務生育至少兩名子女。倘若母親或胎兒的健康有問題，則另當別論。若無法自行生育，就會領養孩子。

猶太人是第一個過安息日的民族。他們將週六定為安息日。安息日當天，並非要外出玩樂，而是要在家裡與家人一起度過，並自我省思、找回自我。安息日當天，禁止所有與工作相關的活動。

猶太人的特徵之一即為「遵守安息日」。但在從前，糧食還不充足的時候，「工作六天、休息一天」是很難被認可的一種觀念，因為休息一天就等於要餓肚子。而且，猶太人這樣的制度也適用於奴隸，因而引起異族的強烈反對。

當時，即便工作七天，也很難吃飽。在一週當中立定一個休息日，整天只休息，這是令人無法想像的事情。但是，猶太人卻遵守安息日，因為這是來自上帝的誡命。

《出埃及記》第二十章中記載了上帝要人類遵守的十誡，其中之一便是「紀念與遵守安息日」。

安息日是紀念上帝創造萬物的日子。上帝花了六天創造萬物，在第七天休息，並將這一天定為神聖的日子，予以祝福。這意味著，人類也應該在安息日當天休息，放下勞動工作，紀念上帝創造宇宙萬物。同時，也要回頭審視微不足道的自己，不驕傲自滿。這裡的驕傲並不是指人類對自己的驕傲，而是指忽視上帝、自我中心式的思想。

誓死遵守安息日

「你要吩咐以色列人說，你們務要守我的安息日；因為這是我與你們之間世世代代的記號，使你們知道我是把你們分別為聖的耶和華。」——《出埃及記》第三十一章十三節

以前，猶太人會毫不留情的殺死不遵守安息日的同胞。安息日禁止工作的律法非常嚴格，以致在馬加比革命時期時代，安息日當天要打仗時，虔誠的猶太人寧願選擇直接赴死。可見，即使被情勢所逼，猶太人依然誓死遵守安息日。

一千五百年後，安息日的觀念才終於被羅馬帝國採用，讓異族人也可以每週休息一天。安息日的制度是猶太人的偉大貢獻之一，有助於減輕工作疲勞和增加生活樂趣。猶太人為全人類帶來了「休息日」的概念，多虧有誓死遵守安息日的猶太人，人類才得以每週休息

一天，從六天的勞動之中解脫。

安息年（Shmita，七年耕作週期的第七年）和禧年（Yovel，七個安息年週期的後面一年，也就是第五十年）的概念也和安息日一樣。因為適用於猶太人的律法也適用於奴隸，奴隸只要工作七年，就可以被解放，在當時可說是打破常規。

而到了第五十年的禧年，一切罪惡都能夠被寬恕，所有債務都能夠被免除，每個奴隸都能夠被解放。律法的最高目的在於實現正義，安息年和禧年的制度能夠定期解決社會會裡的不平等問題。

對於追求社群資本主義的現代人而言，這項猶太律法提出了許多課題，等待著我們解決。安息年和禧年的制度尚未被異族人所採用，但未來的人類應該仿效。

▲ 安息日當天，猶太人都以步行的方式前往猶太會堂。

尤其，安息年是讓工作能夠再次分配的寶貴制度。如果所有公司都採用安息年的制度，失業問題將一次被解決。假使政府、公司和個人三方各自負擔安息年薪資的三分之一，也不是不可行。

猶太人的安息日為星期五的日落到星期六的日落，這段期間什麼都不做。安息日的希伯來文「Shabbat」（亦作 Sabbath）是「停止」的意思。安息日當天，一切事情都被禁止。尤其《出埃及記》中提到，點火是被禁止的。因此，當天不能發動汽車，也不能按下電梯按鈕。《米書拿》則以三十九個用火的動作為例，連折斷樹枝也不被允許。此外，也禁止載運行李，即使是別人的也不行。

猶太會堂沒有附設停車場。由於在安息日當天開車是違反戒律的行為，因此所有人都會步行前往猶太會堂。

此外，安息日當天，猶太人不能開伙、開關電源、看電視，或接電話。另外，會堂裡也不能使用麥克風及開關電燈，所以，猶太人會在安息日之前先開好電源。而除了工作以外，遊戲、旅行也被禁止，花錢也不行。

因此，正統派猶太人會在家裡設置即使開門也不會亮燈的冰箱，以及會自動開燈、並在晚上十二點自動關燈的照明設備。安息日當天，甚至會僱用一名基督徒來處理家務。但如今，拯救生命、幫助孕婦和正當防衛等行為是被允許的。

安息日當天，只閱讀和對話

安息日當天，除了到猶太會堂做禮拜，猶太人都不會外出，原則上要和家人一起度過，不可閱讀有關工作的書籍或信件，也不可談論工作。根據戒律，安息日當天，應該從日常事務之中抽離出來，只想著上帝和家人，並且好好休息。因此，大部分的家庭在安息日當天，主要只會進行閱讀和對話。

在以色列，安息日——也就是星期六當天，餐廳、遊樂園、公園和博物館都不開放，公共交通工具幾乎都停駛，若上車則必須支付三〇％的追加費用，加油站也都關閉。因為整個社會都處於休息狀態，所以出門在外很不方便。

但近年來，在美國，正統派以外的保守派和改革派猶太人開始同意在安息日開車，因為生活在美國這片遼闊的土地上，不開車就難以生活，這個想法自然廣受歡迎。保守派和改革派各占美國猶太人口的三〇％。

順帶一提，猶太人的希伯來曆不同於當今國際社會最廣為使用的格里曆，而是根據月相而制定的一種陰曆，以日落為一日之始，以週六的日落為一週之始。

之所以將日落定為一日之始，是根據《創世記》所描述上帝創造的過程：「有晚上，有早晨，這是頭一日。」而且猶太人認為，與其在明亮時展開一天、在黑暗裡結束一天，不如在黑暗裡展開一天、在明亮時結束一天。

希伯來曆的新年起於秋天。為了讓屬於陰曆的希伯來曆與太陽曆的週期一致，猶太人在每十九年裡加入七個閏年。對照之下，伊斯蘭曆雖然使用與希伯來曆相同的陰曆，但伊斯蘭曆並未針對那比太陽曆少的十一天進行調整。

因此，伊斯蘭曆的一月一日，在太陽曆中的日期每年都會提前十一天。這就是為何，伊斯蘭教的齋戒月（Ramadan）每三年就會提前大約一個月。

猶太人相信，上帝在西元前三七六一年創造了亞當。因此，希伯來曆比西曆早了三千七百六十年，這就是為什麼人們常說「世界歷史五千年」或「五千年猶太歷史」。至於朝鮮民族所使用的「檀君紀元」，則以西元前二三三三年檀君建國為第一年。使用有關民族起源之曆法的民族，只有朝鮮民族和猶太民族。

放下手邊工作，花時間審視自己

猶太人從安息日開始之前便著手準備豐盛的晚餐，並將家裡打掃乾淨。到了星期五，全家人都會早早回家，洗個澡、換上最好的白色衣服，準備潔淨的身體和虔敬的心靈。等到日落，安息日開始之後，任何勞動都不可進行，食物也必須先準備好。

由於安息日不可開燈、開伙，因此必須在天黑之前先點好蠟燭，並準備加熱食物用的火。接著，全家人會一起吃三餐、祈禱、學習和唱歌。

猶太人認為，用餐是人類接觸上帝的行為之一，必須虔心且嚴謹的準備。耶路撒冷的聖殿被毀之後，猶太人失去了祭祀的場所，因此改至家中進行。象徵安息日開始的週五晚餐即隱含了這樣的意義。所以，猶太人稱餐桌為祭壇（altar）。對於猶太人而言，安息日當天，家即為聖殿。

餐桌上的家庭禮拜始於父親念出《聖經》的經文，先讚賞妻子的美麗。自古以來，猶太人便將夫妻之間的愛視為最高價值。接著，父親會為每個孩子祈禱。然後，所有人誠心祈禱能夠度過幸福的一週，再一同唱出祈求平安的安息日讚美詩歌。最後，唱出《箴言》第三十一章十節到三十一節中，頌讚才德女子的詩歌，讓母親喜悅。

象徵安息日開始的週五晚餐禮拜，是為了讓人在六天的世俗生活後，準備迎接神聖的安息日。隨著節令不同，禮拜也可能進行得更久。在禮拜的過程中，孩子將學習如何保持耐心和自制。

▲ 猶太家庭的安息日晚餐。

此外，禮拜途中還會募集要送給貧困鄰居的硬幣，讓猶太人深深牢記，捐贈與慈善並非一種選擇，而是一種義務。

享用餐點之前，必須先去廚房洗手，並且對家人表達祝福與感謝，以珍惜與強化家人之間寶貴的愛。由於用餐的過程中會研讀《聖經》、來來回回的對話，整體的用餐時間通常至少要花上兩個小時。

晚餐的準備及圍繞著餐桌所形成的共同體，是猶太教育的核心所在。母親用心的準備餐點；家人一同暢談；每道菜上桌時，都對上帝表達讚美和感謝；子女在餐桌前感謝父母，以及父親對孩子祝福，這些都是餐桌教育的一環。

安息日當天，不可以進行工作相關的事情，但可以關心孩子的學習狀況。因此，安息日當天的話題主要和孩子的學習及教育有關。

安息日是家庭與宗教的結合，是為了建立聖家而做的努力。猶太人生活的重心在於家庭與學習，而兩者亦為安息日的主軸。假日的英文單字「holiday」，源自「holy day」，亦即「神聖的日子」。每週的安息日，猶太人都會與家人一同神聖的度過。

當一個人說自己過得很忙時，乍聽之下似乎顯得很勤奮，但實際上並非如此。人有必要每過一段時間就放下手邊的工作，每週花大約一天的時間問自己：「我為何來到這世上？我人生的目標是什麼？我被賦予什麼使命？大自然有何規律及旨意？」

熱烈且忙碌的生活雖然是件好事，但花時間思考與審視自己也很重要。猶太人能夠產出這麼多具有創意的人物，為人類帶來深遠的影響，絕非出於偶然。每週花一天的時間放下所有工作，閱讀、討論和思考，這項習慣就是猶太人成功的原因之一。

《塔木德》中關於女人的敘述

首先，男女是平等的。但女人比男人更美麗、更有智慧、情感更加豐富，而且，女人具有控制男人的能力。沒有男人能夠招架得了女人那異常的美。為什麼？我們一起聽聽拉比的解釋：

上帝創造女人時，希望女人充滿慈愛、心思細膩，並且充滿智慧，會愛護及幫助男人。為此，祂認為最好的辦法是從男人的身上取下一部分，造成一個女人。那麼，要取下男人身體的哪一個部分來造成女人呢？

如果用頭部來造成女人，女人似乎會過於驕縱和自尊心強；

如果用雙眼來造成女人，女人似乎會過於好奇，喜歡插手他人事務；
如果用雙耳來造成女人，女人似乎會喜歡偷聽；
如果用嘴巴來造成女人，女人似乎會嘮叨不停；
如果用心臟來造成女人，女人似乎會變得善妒；
如果用雙手來造成女人，女人似乎會貪得無厭；
如果用雙腳來造成女人，女人似乎會到處玩樂、懶散成性；
於是，上帝用隱藏在身體裡的肋骨，造成了女人。

不過，也有拉比是這樣解釋的：

不用男人的頭部造成女人，是為了避免女人控制男人；
不用男人的雙腳造成女人，是為了避免女人成為男人的奴隸；
上帝用胸口的肋骨造成女人，是為了讓女人可以時時貼近男人的心。

也有拉比認為，上帝用胸口的肋骨，而非頭部或雙腳，來造成女人，意味著女人與男人之間是平等的。

也有拉比認為，因為女人是用男人的肋骨所造成的，因此男人會追著女人，想找回自己失去的那一部分。

猶太人相信，這些不同的解釋，是男女共同生活時都應該知道的智慧之語。[15]

5《塔木德》教育法：提問和討論

《塔木德》裡有一句話說：「獨自學習的人，將變成傻子。」因此，傳統上來說，教導《塔木德》時，會以提問和討論的方式進行。學校教育也是如此，並非採用灌輸式教育，而是讓學生理解概念和自行領悟事情的原理。因此，課堂會以提問和討論的方式進行，先以提問為媒介，再引發討論。提問是有所準備的人得到的成果，越好的提問越是如此。這種提問的文化是猶太人創意的根源。

若要進行提問和討論，前提是要先能夠理解和應用。一場充滿火花的提問與討論，能夠激發不同思維之間的碰撞與融合，進而促進創意的萌發。

「你問了什麼問題？」

猶太人與亞洲人的共同點是重視教育，但方法卻大不相同。猶太父母會先講故事給孩子聽，再出謎題，以培養孩子的思考能力。當孩子透過有趣的方式學習時，會認為學習是一件很愉快的事。

亞洲人的主要學習方法為記憶，猶太人的主要學習方法為討論。在猶太學校裡，課堂的進行方式是由學生向老師提問，老師再回答學生。有時，老師也會反問學生。

孩子返家後，母親不會問孩子：「你今天在學校學到什麼？」而是問：**「你今天問了老師什麼問題？」**孩子入學的第一天，父母會告訴孩子：「你在學校裡面會遇到厲害的老師，如果有任何不知道的事情，都可以問他們。」反觀韓國父母，卻會告訴孩子：「你在學校裡面要好好聽老師的話。」前者強調的是主導與自律，後者則強調被動與他律。

猶太人有一句教誨：「人必須好好學習，但不應該習慣被動學習。」因為，

▲ 猶太社會裡，老師不會只是單向講課。

孩子一旦習慣被動學習，原本人類與生俱來的創意便會逐漸枯竭殆盡。

《塔木德》教導：「老師不能只是自己一個人講得口沫橫飛，孩子只聽老師說話的話，那並不是在教導，而是在訓練一隻鸚鵡。學生必須針對老師所說的內容提問。老師與學生之間的問答越多，教育的成效越高。」比起聽話的學生，充滿好奇、敢於針對不懂的部分提問的學生，當然會更有創意。因此，猶太父母最常向孩子強調的，就是「提問」。

提問也有分等級好壞。孩子必須先理解到一定的程度，才提得出問題，而從提問的內容中，也可以看出學生的程度在哪裡。

實際上，在猶太學校裡，能夠提出好問題的學生將擔任班長。問答式教育是猶太人獨有的傳統教學方法，而這樣的教育也促進了「討論文化」的形成。

找出正確答案，但不能只找一個

如果有一個人找到了正確答案，我們通常就不會再去尋找其他正確答案。但是，當我們習慣「找出唯一的正確答案」時，就等於是在自己的思考及問題處理方式上畫地自限。

不過，為了解決問題和進行改善，我們有時候要嘗試第二次、第三次，甚至第十次，才會找到最好的正確答案。如果要增加創意，從多個不同的角度去尋找正確答案，是很重要的過程。

還有很重要的一點是，答案會隨著提出的問題而有所不同。為了得到多個不同的答案，請試著從不同的角度及表達方式來提問。其中一個方法是，提出可以導出兩個以上的答案的問題，另一個方法則是提出出乎意料的問題。[16]

《塔木德》教育的重點在於提問和討論。猶太孩童從小就練習這種《塔木德》式的討論。父母和孩子會找時間一起坐在客廳裡或餐桌前，打開《塔木德》，閱讀其中一篇短文後，根據各自的看法來進行邏輯上的攻防。

如此一來，為了反駁對方的邏輯，自己會絞盡腦汁、思考各種可行的說法，並從其中找出邏輯最嚴謹、最完美無缺的回應。在這個過程當中，思考能力將會有所進步，而從小就每天進行這類討論的孩子，將逐漸發展出強烈的好奇心和創意。

討論文化有助於培養創意。創意源自於抱持著不同想法的人，這個人可以是別的對象，也可以是不同於昨天的自己。換言之，創意，就是能夠提出不同想法的能力，而討論能夠激發各式各樣的想法及觀點，使人不停的挖掘新事物。

當討論文化擴大應用至學術領域後，將引發不同領域的融合。當兩個不同的領域融合時，新的領域便會誕生，產生加乘效應。就像科學遇上人文學會迸出新滋味，討論文化將使大量的創意遍地開花。

一對一討論，養成批判性思考

猶太人的宗教教育強調，先透過反覆的背誦，讓身體產生記憶，接著，再透過提問來學習。猶太老師不會直接告訴學生答案，而是會幫助學生不斷提出問題與自行找出答案。即使學生錯了，老師也不會責罵，反而會鼓勵學生可以做得更好。

而且，大部分的教育都是透過討論進行，尤其《塔木德》的學習會搭配「和朋友一對一討論」的方式。猶太人經常針對《塔木德》中的某個段落展開一、兩個小時的論辯。

當某一方為《塔木德》某個段落做出解釋，另一方就會問他為何那樣解釋；而當對方做出回應，這一方又會逐條反駁對方的不合理之處。只要對方的答案存在漏洞，就會毫不留情的攻擊，讓對方陷入苦思。因此，作答的人必須針對所有可能的攻擊，事先準備好應對之策。之後，雙方會互換立場，再次展開論辯。猶太人希望透過這樣的過程，體會到單向灌輸的知識並不會直接變成自己的知識，而是要親自領悟。

倘若過程中出現雙方都不清楚的部分，就會尋求拉比的協助。而當論辯結束後，雙方都能夠像從沒爭論過一樣，重新回到友好的樣子。由此可見，猶太人從小就開始鍛鍊「**該據理力爭的時候就據理力爭，該克制的時候就克制**」的能力。

《箴言》中，有一句話說：「鐵磨鐵，磨出刃來；朋友相感也是如此。」針對《聖經》與《塔木德》進行神學上的討論，好處在於能夠同時培養敏銳的頭腦和良善的品行，從而使人感到喜樂。17

好好聆聽，才能好好表達

猶太人的「提問和討論」教育，換句話說，就是在訓練聆聽及表達的能力。經過大量的提問和討論，猶太孩童能夠養成事先掌握主題的本質及重點的能力。這是很重要的能力。而且，他們能夠有邏輯的組織自己對於某主題的觀點，並養成批判性思考的習慣。

透過不斷訓練，這些能力開始有所發展和內化時，他們便能學會如何清楚的表達自己的想法，他們的知識與智慧將逐漸增加，並成為具有深度和洞察力的人。

有一名天才少年，在十三歲時就成為了拉比。他從小就被父母教育：「當你整理好自己的想法、決定好要說什麼的時候，就要勇敢站出來，大聲的說清楚。」他根據父母所言，經過訓練後，在審核拉比資格的發表會上，在一群大人的面前演說了兩個小時。

聽眾完全被這個十三歲的少年迷住，且讚嘆不已。即使年紀還小，他最終仍被臺下的一百名拉比正式任命為拉比。

由此可見，要成為猶太社會裡最受尊敬的拉比，比起擁有穩重的姿態，更重要的是懂得如何確實表明自己的想法。這名少年就是俄羅斯革命史學的權威，拉比艾薩克．多伊徹（Isaac Deutscher）。

西方人與東方人交談時最尷尬的情況是，當兩人對話到一半，出現一陣令人尷尬的沉默。事實上，這樣的情況，我也遇過很多次。我們從未被教育過何謂真正的對話方法，甚至從小被教導「男子漢大丈夫不可多話」。

因此，西方人與東方人聚在一起時，通常是西方人單方面說話，而東方人只聆聽。雖然這種現象也受到語言能力差異的影響，但更多是因為我們沒有養成對話的習慣。

對於從小就習慣透過對話來學習一切的猶太人而言，沉默意味著拒絕學習或拒絕對話。他們跟初次見面的人聊天，光是聊天氣，就可以聊三十分鐘以上。以生活周遭的輕鬆話題來開啟對話，並且有條理的對談，就像將自己的心向外界敞開，也等於向他人發出「我想學習」和「我想認識你」的信號。[18]

論辯式教育：用對話開發創意

舉凡對話、提問、討論、論辯，簡言之都是「交談」。認真的交談會發展為問答，更專業化的問與答會發展為討論，更深入的討論則會發展為論辯。

論辯式教育會讓孩子具有分析性、組織性和融合性的思維。因為在討論過程中，孩子會想到很多平時完全不會想到的點子，這就是「開發創意」。而且，對話時，雙方的創意互相碰撞所產生的加乘效應是非常可觀的。這就是為何，猶太人特別有創意。

進行《塔木德》式的討論，有三項明確原則：一、聆聽多個不同的意見；二、發表多個不同的意見；三、毫無保留的發言。

基於這樣的傳統，猶太人會認真聆聽他人的言論，並在與他人互持不同意見時，以合理的邏輯說服他人。猶太人具有傑出的溝通協商能力，可以透過討論，找到許多不同的解決方案。

猶太人認為，教授現有的理論或學說，並不是真正的教育；教導如何在現有的理論之中添加新的東西，才是真正的教育。

因此，對猶太人而言，真正的教育應該是「青出於藍」。唯有當學生超越老師，在老師的理論之上建立出新的理論，才能夠成為真正的學者。

這樣的觀念起源於《塔木德》。《塔木德》寫道：「盲目接受教導的人，將使外在權力與他自己雙雙腐化。」無論對方是多麼厲害的老師，猶太人都不會盲目接受對方的教導，而會努力克服其理論上的漏洞，樹立出更好的理論。

猶太人的傳統是，如果有人提出新的理論，他不僅會受人讚揚，也會獲得物質性的獎勵。因此，猶太人不會安於既有的普遍觀念，而會不斷的試圖開拓新領域。這就是猶太人的創意源源不絕的原因之一。

《塔木德》：人生的智慧書

猶太人的律法有兩種；一種是書面寫成的「成文律法」，一種是口頭傳述的「口傳律法」。兩者都是摩西在西奈山上從上帝那裡領受而來的律法。但，除了《聖經》裡的《摩西五經》（*Pentateuch*）得以書面流傳之外，其餘規模龐大的內容皆未能以文字記載，唯以口頭傳述。

《舊約聖經》的前五卷經書（創世記、出埃及記、利未記、民數記、申命記）相傳由摩西寫成，因而稱為《摩西五經》，猶太人又稱之為《妥拉》。而猶太人認為，在《舊約聖經》中，《妥拉》以外的經文皆是用來解釋《妥拉》的補充經文。

「耶和華的律法傳給了摩西，再傳給了大祭司亞倫與他的兩名兒子拿答與亞比戶，後來再傳給了以色列長老中的七十人，最後再傳給了百姓。」——《出埃及記》第二十四章九到十八節猶太人的口傳律法稱為《米書拿》。為了讓人更能夠讀懂《米書拿》，多位著名的拉比寫成了解釋《米書拿》的《革馬拉》（*Gemara*），而後人將《米書拿》與《革馬拉》稱為《塔木德》。《塔木德》意為「偉大的研究」，對於失去家國的猶太民族而言，是精神支柱，也是生活準則。

猶太人相信，《妥拉》是絕對的上帝所教導的課程，但是，深入研究與學習《妥拉》的奧妙真理，是上帝留給人類的功課。因此，《妥拉》為成文律法，而研究《妥拉》的《塔木德》為口傳律法。

這代表《妥拉》已經被記錄下來，無法再更改；反之，解釋《妥拉》的《塔木德》可能隨著不同時代下的研究，而出現不一樣的解釋。

西元前一世紀的著名拉比希勒爾被要求概述《妥拉》時表示：「這部經典教你『自己不想被要求做的事情，切勿拿去要求別人』。而除此之外的一切解釋，只不過是在闡釋這一句話。」

猶太人的經典裡也有類似的教導：「讓別人感到不舒服，就是讓上帝感到不舒服。」拉比約哈難（Yohanan ben Zakkai）也說過類似的話：「心存善良，僅此而已。」

這是普遍存在於幾乎所有宗教裡的恕道（Golden Rule），是有如金子般的最高真理。佛教說：「勿拿有害自己的事物來傷害他人。」儒家的孔子說：「己所不欲，勿施於人。」伊斯蘭教說：「只為自己、不為他人，不是信徒。」基督教的恕道也說：「以你希望他人對待你的方式，來對待別人。」這也是哲學領域中，關於人際關係的恕道，例如，康德也指出：「讓自己的行為符合普遍立法的原則。」

匯集五千年的智慧，猶太人天天讀、不忘本

《塔木德》的誕生，是為了讓流散於世界各地的猶太人保有其宗教信仰與民族認同。自西元前六世紀，巴比倫時代的猶太人開始流散之後，為了讓散布於世界各地的猶太青年能夠妥善吸收外來文化與希臘文化，猶太長老認為，律法也應該隨著時代而有所變化。

但，由於《摩西五經》的內容一點都不能更改，猶太先知以斯拉（Ezra）與尼希米（Nehemiah）不斷苦思解決的妙策。於是，他們想到創建一本學習用的新典籍，讓人在不觸犯律法的情況下也能夠談論律法。因此，《塔木德》誕生了。

《塔木德》包含了自西元前五〇〇年起，約一千年間，兩千多名猶太聖賢的言談與論述，它是人生的智慧書，也是知識的寶庫。也就是說，《塔木德》是一本用了一千年而寫成的書，也是五千年猶太歷史的結晶。

《塔木德》教育的最重要目的在於，鍛鍊每一名猶太人成為共同體中忠實的一員。為

此，祖先所留下的宗教遺產必須好好的傳承給後代，而其核心在於，教導後代關於《妥拉》和《塔木德》的知識。

《塔木德》不只有對《聖經》的解釋，它也探討人類所面臨的一切問題，包含法律、歷史、思想、健康、文學、科學、哲學等日常生活中所需的智慧。而且，失去家國又到處被打壓的猶太人，不僅必須對於個人的生存，也必須對於整個民族的生存抱持信念與智慧。因此，《塔木德》又被稱為「移動的祖國」與「猶太人的五千年智慧」。

猶太人將《塔木德》視為承載上帝話語的《聖經》，是人類一輩子的教科書。《塔木德》不僅是補足了《聖經》的輔助用書，也是猶太教育的核心典籍。

《塔木德》分為六個主題：農事時令、節慶、婦女與家庭、民法、聖潔、儀式，共六十三冊，達一萬兩千多頁，是一本規模龐大的典籍。由於廣及生活各大領域，《塔木德》不是幾天之內就可以讀完的，而是需要花上一輩子去鑽研。嚴格而言，與其說《塔木德》是一本經典，不如說是一門學問，而且是一門偉大的學問。

《塔木德》的人生三大課題

猶太人認為，《塔木德》的教育有助於學習《聖經》，並且教導你如何親近上帝。對於人生，《塔木德》有三大課題，分別為研究《妥拉》、參與上帝的事工、實踐善行及慈愛。而對於學習與智慧的熱愛，即猶太人的信仰與使命所在。

《塔木德》的特點是，裡頭許多內容都不是灌輸式教育，而是意在讓人自行研究並領悟的智慧。它不會揭示統一的答案，而是提出可供論辯的議題，讓人可以從不同的角度來思考，並提出問題，而不是重在回答。**這本書的焦點在於，啟發人的創意。**

猶太人學習《塔木德》所培養出的能力之一，是理性批判。猶太人認為，**教育的目的是讓自己從他人的主張中解放出來**，而批判就是理性的來源。猶太人從小學習《塔木德》，這對他們的創意及批判能力帶來很大的影響。

《塔木德》的第一章與最後一章都是空白的，代表這本承載著上帝話語的書，是要日夜反覆一讀再讀、讀一輩子的書，沒有讀完的一天。

猶太人一生都在學習和研究《妥拉》及《塔木德》，與它們形影不離。這兩者是他們信仰的根本，也是智慧的源泉。出乎意料的是，這種基於民族而生的集體智慧，反而超越了宗教和民族的框架，大大的發揚了理性主義、增強了批評意識與應對能力。這些特點使猶太人走上了改革與創新之路，致力於發現新事物，因而創意源源不絕。

第三章

因生存困境激發出來的創意

共同體意識，讓猶太社群不斷進步、
將流散於世界各地的猶太人團結在一起。
憑著這樣的團結合作精神，猶太人得以挺過苦難的歷史，甚至引領全球經濟的發展。

1 被異教徒欺壓磨練出的生存力

始於古埃及的反猶太主義，在曲折的歷史長河之中，不斷折磨著猶太人。

猶太民族的苦難從他們在埃及為奴時展開。當時，猶太民族全體都變成了埃及的奴隸，埃及神殿大多是由猶太人所建。後來，猶太人逃出埃及，於曠野上經歷四十年的磨難，返回迦南地，與其他部族共同生活，期間有過大大小小的戰爭。

前面提過，用來稱呼古猶太人的單字「Ivri」（希伯來人），意為渡河而來的人。但其實，這隱含著歧視的意味，代表猶太人是「與我們不同的種族」。猶太人從古代就開始經歷的苦難，就是他們努力在異教徒的社會中求生存的血淚奮鬥史。

西元前六世紀，猶大王國被巴比倫王國滅絕，猶太人因而被帶到巴比倫，度過五十年的奴隸生活，史稱「巴比倫之囚」。後來，波斯帝國征服巴比倫王國，猶太人獲准返回巴勒斯坦。然而，當時僅有部分猶太人返回家園，仍有許多猶太人留在巴比倫，從此展開長達兩千五百年的漂泊。

猶太人即使被巴比倫與波斯等強大國家夾攻、征服，不斷的遷居、流散、遭受各種苦難，依然奇蹟般的存活下來，並堅守其信仰與民族認同。如今，當初那些強大的帝國已從歷史上消失，但被壓迫的猶太人卻挺過了奴隸的生活、長期的漂泊，以及戰爭、屠殺及被四處驅逐的逆境，生存至今。

保護猶太人不被同化的守護者：《塔木德》和《妥拉》

在西元前三三二年，來自希臘的亞歷山大大帝（Alexander the Great）征服了巴勒斯坦。以哲學家亞里斯多德（Aristotle）為師的亞歷山大大帝，夢想著東西方各個文明與文化融合，以達成「天下一家」的理想，史稱「希臘化主義」（Hellenism）。

隨著巴勒斯坦被打造為一座希臘式的城市，人口逐漸向城市集中，新的城市文化也開始形成，陸續出現了劇場、浴場、競技場及各類體育設施。元老院成立後，也開始實施所謂的議會民主制。當時，猶太人的名字都被改為希臘名，同時以希伯來語及希臘語為通用語言，且被賦予了公民權。

在希臘文化的影響下，猶太人不僅生活方式改變，信仰與哲學等精神文化層面也經歷著迅速的變化。比武器的力量還要強大的文化滲入他們的生活之中，導致猶太人的自我認同陷入混亂、面臨考驗。

在希臘化時代，所有與希臘接觸的國家彷彿都被施了魔法般，變得希臘化。但是，猶太人不同，他們不靠武力，而是靠思想，奇蹟般的在這場爭鬥之中生存下來。日後，希臘文化與希伯來文化共同成為西方文明的基礎，及代表歐洲文化的兩大支柱。

西元前一七五年，甫登基的安條克四世（Antiochus IV Epiphanes）命令猶太人信仰希臘神祇宙斯，想當然耳，這引起了猶太人的強烈反對。

西元前一六七年，猶太人起義反抗希臘主義者的打壓，在幾場主要戰役中取得勝利後，拆除了耶路撒冷聖殿裡的宙斯神像。猶太人的英雄猶大・馬加比（Judas Maccabeus）戰死後，其弟約拿單・亞腓斯（Jonathan Apphus）發起了游擊戰，日後成為了大祭司。

經過多年的征戰與抵抗，猶太人建立出從屬於塞琉古帝國的哈斯蒙尼王朝（按：於希臘化時期統治猶大及其附近地區的王朝），獲得一百多年的獨立。

但，西元後，猶太人抵擋不過羅馬帝國的入侵，最終失去家國，民族開始四散，進入所謂的「流散時期」。猶太人被迫離開耶路撒冷後，直到十九世紀從隔離區（ghetto）中解放出來以前，猶太人都分散在世界各地，身處於異文化當中，孤立的活著。然而，他們並未被其他的文化稀釋或同化，而是成功保留了自己的文化至今。

究竟是什麼原因讓他們做到這一點？其中有很多因素，但最重要的是《妥拉》和《塔木德》的影響。兩千五百年以來，《妥拉》和《塔木德》扮演著隱形守護者的角色，不斷保護且引領著猶太人。

伊斯蘭教興起，猶太人堅持教義、不改信

西元五七〇年，穆罕默德出生於阿拉伯半島的麥加。他在異國經商時，對於猶太教和基督教有了深入的認識，進而認為，自己的民族需要一個新的宗教，於是以麥加與麥地那為據點，創立了伊斯蘭教。後來，伊斯蘭教依序征服了波斯帝國與拜占庭帝國，最後廣及巴比倫、北非與西班牙。

伊斯蘭教誕生不到一百年，便凌駕於西方文明之上。伊斯蘭教雖然排斥基督教，卻對猶太人採取寬容的態度，這可能是因為猶太教的典籍《舊約聖經》，對穆罕默德造成了關鍵性的影響。

伊斯蘭教典籍《古蘭經》（*Quran*）裡，亦提及《舊約聖經》中關於亞伯拉罕、以撒、雅各、約瑟和摩西的故事。因此，也有人說伊斯蘭教是受到猶太教的影響而誕生。

從歷史的發展來看，伊斯蘭教與猶太人之間亦有種族上的親屬關係，阿拉伯人本是亞伯拉罕的長子以實瑪利（Ishmael）的後裔。此外，《古蘭經》也含有猶太教的部

▲《古蘭經》含有猶太教的部分教義。

分教義。只是，伊斯蘭教徒相信穆罕默德是上帝派來的最後一位先知，猶太人無法認同，因此兩個宗教最終無法相容。

西元九世紀，伊斯蘭教的基本教義派興起，猶太人的自由開始受到極大的限制，商業往來也處處受限。

由於阿拉伯文開始取代希伯來文，當時，猶太人的思想人多以阿拉伯文記錄。和平時期終結後，阿拉伯人展開迫害與屠殺，猶太人因此逃到了信仰基督教的西班牙王國。

這段時期是猶太人在歷史的舞臺上，最無聲的一段時期。因為，在基督教國家裡，猶太人背負著害死耶穌的罪名，只能以三等公民的身分生活。同時，這也是猶太人奮力抵抗滅亡的一段慘烈時期。不過，他們又一次撐了過來。

許多非基督教徒都在十字架的面前改信了基督教，唯獨猶太人沒有。在長達一千兩百年的中世紀黑暗時代裡，猶太人堅守著自己的信仰和文化。

十字軍東征，慘遭強烈迫害

長達四百多年，既黑暗又分裂的西方世界裡，依然有新勢力誕生。西元八〇〇年聖誕節當日，法蘭克國王查理曼（Charlemagne）獲教宗加冕為「羅馬人的皇帝」，史稱查理大帝，繼承西羅馬帝國。一〇七七年，耶路撒冷落入中亞的塞爾柱突厥人的手中，天主教徒的耶路撒冷朝聖之路因此受到阻礙。

對此感到驚慌的拜占庭帝國皇帝阿歷克塞一世（Alexios I Komnenos）於是向教宗烏爾巴諾二世（Pope Urban II）請求援軍，此即「十字軍東征」的濫觴。

教宗宣布，只要參加十字軍東征，所有先前的罪孽都能夠被赦免。在中世紀嚴格的基督教社會裡，「罪孽被赦免」意味著「死後必定上天國」。此外，教宗亦指示從伊斯蘭教徒的手中奪回聖地，改由基督教的騎士來統治。對他們而言，等於能夠同時獲得土地與戰利品，榮譽與財富雙收。

由於教宗宣布「為了保護基督教而殺死異端分子」並不違反十誡，基督教徒因而獲得了機會，即使他們殘暴的殺害伊斯蘭教徒和猶太教徒等非基督教徒，也不會引發任何宗教上的問題。

結果，十字軍東征還沒展開之前，就有上千名猶太人在歐洲遭到擄掠和屠殺，從事放貸的猶太人尤其被債務人趕盡殺絕。

西元十三世紀，十字軍東征依然持續著。儘管帶有醜陋的一面，當時的歐洲人一直將十字軍東征視為「聖戰」，而這場長達兩百年的戰爭證明了他們的信仰之強烈。整個十字軍東征的期間，猶太人都持續面臨著來自基督教徒與伊斯蘭教徒的殘酷迫害。

納粹大屠殺：即使原諒，也不可遺忘

眾人都回答說：「他的血歸到我們和我們的子孫身上。」——《馬太福音》第二十七章二十五節

猶太人在逾越節這天，將耶穌釘上十字架，使他的血歸到世人身上。無罪的耶穌為了世人而流下鮮血，付出至高的代價。在《路加福音》二十三章第二十八節中，耶穌即將被釘上十字架之前，他告訴跟隨在後的百姓和婦女：「耶路撒冷的女子，不要為我哭，當為自己和自己的兒女哭。」

身為上帝選民的猶太人，因為將耶穌釘上了十字架，不得不面臨強烈的反猶太主義。十字軍東征結束後，他們依然持續受到迫害。

在中世紀，猶太人在歐洲各地都必須承受著殘忍的對待。他們被逼著集體生活於隔離區，穿上代表猶太人的衣服，且經濟活動受到諸多限制，如此度過長達四百年的時間。

黑死病肆虐於歐洲時，基督徒怪罪猶太人，對他們進行拷問及迫害，且任由憤怒的群眾大規模的屠殺猶太人。無論是在阿拉伯、西班牙、葡萄牙、荷蘭、英國、法國、德國、波蘭或俄羅斯，猶太人不是被驅逐，就是被迫害與殺害。

阿道夫・希特勒（Adolf Hitler）使猶太人遭受了最嚴重的迫害。希特勒於一九三三年掌權後，便開始迫害猶太人。一九三九年第二次世界大戰爆發後，希特勒更利用反猶太主義作為統治占領區的手段，煽動當地人對於猶太人的仇恨。

一九四二年，納粹德國開始將居住於德國及占領區的所有猶太人遷至集中營，並展開大屠殺。在死亡人數最多的奧斯威辛集中營裡，有一百五十萬名猶太人被屠殺；整個二戰期間，有多達六百萬名猶太人被殘忍的殺害。那是一場駭人的大屠殺，是人類最為羞恥的一段歷史。

回顧猶太人的歷史，雖然一路滿是荊棘，他們卻能夠將之化為榮耀。猶太人絕不會忘記大屠殺的慘痛歷史。他們慶祝以色列獨立紀念日之前，會先度過大屠殺紀念日，為了不忘記整個民族曾經有過的苦難。耶路撒冷的以色列猶太屠殺紀念館裡，有著這麼一句話：「**即使原諒，也不可遺忘，否則只是又一次的流散。**」

猶太人從六個文明之中挺了過來，徹底顛覆人類過往所認為「一個文明的壽命，頂多只能持續五百到一千年」的舊有觀點。

▲ 慘無人道的猶太人大屠殺現場。

猶太人歷經無數的苦難與民族流散之痛。猶太人的歷史是一連串的艱辛與挑戰，而經歷這樣子不斷的磨練，他們變得更加成熟和堅強，讓苦難變成了恩典。

猶太人很重視歷史，經常反思過去，以作為今日之師、明日之鏡。這就是為何，他們的祖先——亞伯拉罕與摩西至今依然活在他們的記憶與每日的敬拜當中。猶太人在曲折的歷史下，鍾煉出這樣不屈不撓的精神。[19]

因生存的困境激發出來的創意

激烈的反猶太主義者馬克．吐溫（Mark Twain），在奧地利度假的期間見到猶太人後，寫下一篇關於猶太人的文章。

「猶太人的人口很少，但他們對經濟領域造成非常大的影響，且在文學、科學、藝術、音樂、金融和醫學等高知識領域也締造出卓越的貢獻，遠高於其人口占比。

「很多文明曾經在這片大地上短暫的出現，高舉著火把，最後又消聲匿跡，例如波斯、米底與巴比倫。希臘文明與羅馬帝國曾經呼風喚雨，如今卻已成為過眼雲煙。那些古代文明都去哪了？它們不過是一時閃現的火光，曾經統治猶太人、統治世界，最後，消失於宇宙的盡頭。它們消失了，但，猶太人依然在這片土地上呼吸著。」

曾經欺辱猶太人的文明消失了，猶太人卻挺過了所有的苦難。猶太人曾經被人踩在腳底下，卻未因此而亡，他們永遠都能夠再站起來。吐溫問：「**猶太人不死不滅的祕訣何在？為何猶太人總是生存下來？**」

曾經高舉反猶太主義旗幟的沙特（Jean-Paul Sartre），最終也不得不承認猶太人的傑出之處。他坦言：「世上絕對沒有所謂種族上的優劣，也不可能有哪一國的人民特別優秀。但我必須誠實的說，猶太民族是例外。」

關於猶太人在各大領域皆取得高度成就的原因，美國社會學家托斯丹．范伯倫（Thorstein Veblen）在《猶太人的傑出學術成就》（*The Intellectual Pre-Eminence of Jews in Modern Europe*）一文中分析：「由於身處於異地，總是被人欺壓，猶太人必須發揮創意，才能夠生存。」亦即，生存的困境是讓猶太人迸發創意的根源。

2 引領猶太民族的共同體意識

猶太人認為，約拿（Jonah）是能夠代表猶太民族的人物。因為一條大魚將約拿吞到肚裡，最後又將他吐了出來。

上帝要約拿前往充滿邪惡的尼尼微城傳遞警告，告訴那裡的人，他們只要悔改，便能得蒙拯救（按：蒙拯救代表脫離撒旦的汙穢，成為聖潔的人）。但是，約拿不希望敵對的尼尼微人被上帝拯救；因此，他朝著相反的方向逃跑，乘船前往西班牙的他施。

一開始，船遇上順風，約拿雖然違抗了上帝的命令，但事情進展得頗為順利。不過，後來海上開始狂風大作，船上的人於是決定掣籤，看看是誰惹來了災禍，而結果顯示是約拿害上帝不悅。

約拿知道是自己害的，便請眾人將他拋入海中。約拿被拋入海中後，一條大魚將約拿吞到肚裡。

因為大魚能夠在四個小時之內消化任何食物，約拿在魚腹中向上帝禱告，導致大魚雖然吞下了約拿，卻無法消化約拿。最後，大魚將約拿吐到了尼尼微城。

埃及曾經併吞以色列，卻因為無法消化而吐了出去；巴比倫曾經併吞以色列，最後也吐了出去；亞述也曾嘗試併吞以色列，最後無法消化；希臘人、羅馬人，都曾經併吞以色列，卻都無法成功；撒拉森帝國試著併吞以色列，依然失敗。後來，德國，甚至俄羅斯，都曾經併吞以色列，但仍無法成功消化。

因此，猶太人稱自己為「約拿的民族」。他們堅信，任何人即使併吞他們，都將因為無法消化，最終導致失敗。

猶太人這種面對苦難的歷史意識也潛藏在對子女的教育之中。猶太人的子女教育有一項特點，他們以仙人掌的果實（sabra）來稱呼子女，因為仙人掌能夠在沙漠的任何惡劣條件下生存、開花及結果。

仙人掌果既堅韌又頑強，而每當父母稱自己心愛的孩子為仙人掌果時，都會向孩子傳達以下的觀念：

「你就是仙人掌果。我們祖先的生命如同仙人掌，在沙漠之中生根，在沒有雨水、只有烈日的惡劣條件下活過來，依靠早晨的幾滴露水就得以生存。

「所以，你是多麼珍貴的存在啊！祖先挺過了艱苦的歲月，才結出你這顆果實。你就是仙人掌的果實，你也要生存到最後，並結出更多果實。待你結出果實，你也要稱他為仙人掌果。」

猶太人從小每天被喚作仙人掌果，被期許擁有強烈的生存本能。

共同體意識：同胞都是自己的家人

以色列的孩童無論去哪，都是四到五人結伴行動。因此，他們很熟悉多人遊戲，而且會透過互動，自然的發展出社交能力。猶太人的教育提倡培養孩子獨立思考、不懼發言，以及自行領悟的能力。被如此教育長大的猶太人，從小就發展出「共同體意識」。

《塔木德》有一句諺語：「一條鏈子無論再長、再精，只要斷了一節，就變得毫無用處。」猶太人從小就根據這樣的理論，不斷強化共同體意識。亦即，不能只是自己過得好，而是要讓整個民族都過上好的生活。

猶太教所強調的這些生活準則，意味著猶太人對彼此有責任，也意味著：猶太人即便散落於世界各地，也都是猶太人大家庭的一分子。這種精神源於古時所流傳下來的「流散人民守則」。

自從猶太人從羅馬時代開始流散於各地，猶太的聖賢們便不斷尋求方法，保護散落各地的同胞，以及維持宗教和民族上的認同感。於是，他們制定了關於共同體組織和流散人民的守則，確保所有的猶太社群都遵守。該守則有七大點：

一、若有猶太人淪為奴隸，鄰近的猶太社群必須在七年之內將他贖回。

二、一律閱讀祈禱文和《妥拉》。

三、社群裡若有十名以上超過十三歲的成年男性，必須舉行宗教聚會。

四、社群裡若有一百二十名以上的成年男性，必須建立自己的信仰中心，並遵守猶太律法。

五、社群必須建立自己的稅制，以免面臨所在國家的財政負擔，並事先儲備急用金。

六、社群若忽視貧窮到無法教育子女的猶太人，為違反猶太律法。任何猶太人都有權尋求和接受猶太社群的幫助。

七、社群有義務建立、維持及管理自己的子女教育機關，讓家境貧窮的孩子免費接受教育，並建立獎學制度以培育人才。

這些守則早在西元前就已經創立，融入猶太人的精神和骨子中，一代一代傳承下來。這些守則的最大要點就是：猶太人都是自己的弟兄，每個人都有責任保護弟兄的安危。

在美國，猶太人的教育機構主要有三個：正規學校、會堂附設的學校和猶太民族營，三者都在培養猶太人的自我認同及共同體意識方面，發揮著重要的作用。

美國約有八百所猶太人正規學校，學生數達二十一萬人。即便是沒上猶太人正規學校的學生，通常也會在放假期間參加猶太民族營、在宿舍生活，以培養共同體意識。

猶太人的樹：歷經歲月洗禮的橄欖樹

橄欖樹在貧瘠的土地上也能夠順利生長。植物要在沙漠氣候下生存，必須深深的向下扎根，放慢生長速度，縮短年輪的間距。如此竭盡全力生存的橄欖樹，至少得等上十五年，才能結出第一顆果實。因為，在貧瘠的土地裡扎根，至少需要十五年的時間，才能抵達穩定的含水層。橄欖樹最重要的部分，在於地面下方無法看見的深處。

即便在沃土上生長的樹木都因乾旱而死去，深深扎根的橄欖樹卻依然在礫石地上存活了下來。而且，橄欖樹的果實能夠產出世界上最好的油，第一滴油是神聖的油，通常用於聖禮，《聖經》裡也提及過橄欖樹。橄欖樹能夠在千年之間，不斷結出果實，都是因為它深深的抓住了土壤。

相傳，加利利（Galilee，又譯加里肋亞，位於

▲在貧瘠的土地上也能夠順利生長的橄欖樹，經常被比作猶太人。

以色列北部）有一棵橄欖樹，自西元前三三一年，亞歷山大大帝征服波斯那時起，就一直存活至今，樹齡超過兩千三百年。而耶路撒冷的客西馬尼園裡，據說也有一棵橄欖樹的樹齡將近一千年。

橄欖樹之所以能夠生長多年，還有一個原因，就是它們獨特的免疫系統。當一群蝗蟲攻擊並啃食某一棵橄欖樹時，該橄欖樹會合成一種獨特的化學物質來分泌氣味，而氣味會隨著風被散播到附近的橄欖樹，讓它們也開始合成能夠防止蝗蟲攻擊的化學物質。於是，最先被攻擊的橄欖樹雖然死了，但附近的橄欖樹能夠存活下來。

只有樹會這樣嗎？無論是個人，還是民族，都活在大自然的法則之下。歷經越多的苦難，必然會更加強大。

律法的精神：保護弱者，實現正義

律法的基本精神在於正義及平等。所謂正義，等同保護孤寡老弱等弱勢群體；所謂平等，代表著上帝之下，人人平等。虎之霸的精神，亦源於此。

基於這樣的律法精神，沒有哪個民族比猶太人擁有更好的福利制度。猶太人站在資本主義的頂端，卻擁有最佳的共產主義福利制度。

猶太人基本上都抱持著「自己盡全力賺錢，在需要的時候與他人共享」的共同體意識。亦即，基於強調效率的資本主義原理，每個猶太人都會努力賺錢，但也同時懷抱著共產主義的精神，會在需要的時候平均分配與共享。

自古以來，猶太人就實踐「平等共享」的精神。早在《聖經》時代，猶太人就有義務將收入的十分之一（有時甚至是五分之一）捐給會堂，以幫助窮人。對猶太人而言，捐贈與慈善是宗教上的義務之一。猶太律法明令要求，人人皆有義務照顧自己的同族同胞。因為，律法精神的最高目的在於「保護弱者，實現正義」。

猶太人連做生意的時候都非常團結，而且，往往會選擇同胞當作買賣方。猶太人很重視家人間的連結，只要獲得一點點的成功，就會先讓自己的兄弟加入；倘若又獲得更大的成功，則會讓更多的兄弟參與。

猶太人很重視家人，且將整個民族視為一個大家庭。這種想法在商場上非常有利，因為它讓世界各地的猶太商人建立起齊心協力的關係。

猶太人生活在信仰的共同體裡，也生活在「家」的共同體裡：一個是自己的家庭，另一個是猶太民族這一個大家庭。

慈善並非選擇，而是義務

猶太人有一項良好的習慣，那就是救濟窮人。猶太人之所以具有幫助彼此的團結意識，是因為他們一直維持著悠久的傳統。也就是說，猶太人會主動幫助自己的同胞。

在希伯來文裡，沒有用來指稱「慈善」的詞，只有「Tzedakah」一詞的意思最為接近，意為「理應做出的行為」。它的意思更近於正義或公義，也就是說，在希伯來文裡，正義就是慈善。律法的精神即為正義，而正義的定義，就是照顧弱者。對於猶太人而言，慈善並非選擇，而是上帝明示的戒律與義務。

希伯來文裡，第二個近似於慈善的詞是「Chesed」。這個詞的含義豐富且深奧，意指同情、憐憫等共感能力，也就是「感同身受」的能力，等於所謂的惻隱之心。[20]

猶太教認為，猶太人有三種方式能夠改善與上帝之間的關係：悔改、祈禱、慈善。也就是說，慈善是重要的宗教行為之一。

慈善，是上帝的正義，也是上帝的愛。因此，對猶太人而言，幫助窮人是向上帝表達感謝的方式之一，等同以往的猶太人將祭品貢獻給聖殿。生活寬裕者貢獻其收入的五分之一，一般人則貢獻其收入的十分之一。除了這項宗教義務之外，猶太人還擁有許多慈善相關的習慣與制度，並將這樣的分享行為視為理所當然。

猶太人在日常生活中也貫徹著「慈善與捐贈」。例如，老闆閉店時，會將一定數量的商品包裝起來，放在店門口，供窮人取用；農地收成時，會留下位在角落的部分農作物、故意不收成，或者將掉落在地的果實或穀物刻意留下，供人取用。猶太人是最早將慈善「制度化」的民族。

「我求你兩件事，在我未死之先，不要不賜給我：求你使虛假和謊言遠離我；使我也不貧窮也不富足；賜給我需用的飲食，恐怕我飽足不認你，說：耶和華是誰呢？又恐怕我貧窮就偷竊，以致褻瀆我神的名。」——《箴言》第三十章七到九節

虔敬的猶太人經常禱告這一段經文。對於物質生活，他們就像面對精神生活一樣，貫徹到底。

《塔木德》中教導：「財富不是屬於自己的，而是要拿去做好事的，所以不應該屯積財富。」

猶太智者則說：「財富不是惡，也不是詛咒。財富是對人的祝福。首先，財富應該用來養育和教育自己的子女；其次應該用於慈善，用來幫助別人。財富讓我們有機會從上帝那裡獲得禮物。」

從來沒有空過的慈善箱：是律法強制，也是民族自發性

自有會堂以來，內部便設有免費的住所。而且，裡面到處可見慈善箱（kuppah），用以援助貧困的猶太人，這就是猶太人慈善的核心。慈善箱裡從來沒有空過，因為猶太人的慈善雖是自發性的，但同時也是宗教上的義務。

任何猶太人都有權從慈善箱裡取走十四餐的餐費，也就是一週的生活費。因此，猶太人自古就不需擔心基本的食、衣、住的問題。

猶太社群的守則亦明令：「任何猶太人都有權尋求和接受猶太社群的幫助。」制度化「需要的時候平均分配與共享」的理念。猶太人不僅允許擁有私人財產，同時也強調分配與共享。從現代的角度來看，這是一種結合了資本主義的「效率」，和共產主義之「平等」精神的體制。今日於以色列常見的基布茲體制（Kibbutz，一種集體社區體制，由社區平均供應三餐、水電等日常需求）便延續了這樣的精神。

猶太人的慈善不僅依賴自發性的捐款，猶太會堂也設有救濟金受理員，每週五上午會前往市場，拜訪各個家戶，募集救濟金與救濟物資，而且當天就分發出去，讓臨時需要救濟的人能夠度過危機，長期需要救濟的人則能每天獲得兩餐，一週共十四餐。

根據猶太律法，捐款至慈善箱是具強制性的。任何有支付能力的猶太人，每個月都有

義務向其居住地的猶太慈善箱捐款一次，每三個月向糧食基金捐款一次，每六個月向衣物基金捐款一次，以及每九個月向喪葬基金捐款一次。

猶太人的慈善不僅限於同族同胞，他們也會為了外族人而募捐。猶太人每天都設有提供外族人緊急救濟用的施食處（tamhui）。簡言之，慈善箱用來救濟同族同胞，施食處則用來救濟其他民族。

猶太律法明令：施捨為一種義務。因此，未行捐獻者的所有物可依法充公。此外，福利基金的給付採詳細分等，各自設有獨立的基金及管理單位。例如，衣物、學校教育、嫁妝、逾越節食物和酒，也依救濟對象而分為孤兒、老人、病人、喪葬、囚犯和難民等。就算猶太社群本身陷入了困境，其福利體系也始終在運作。

因此，猶太社群裡，沒有人會因為沒有基本生活費而餓死或沒錢看病。猶太人自古以來就將慈善文化融入生活，即使面臨各種迫害達兩千年，猶太人依舊成功生存了下來。

清貧不是美德，而是詛咒

猶太社群也有責任讓渴望學習的貧窮學生獲得他想要得到的教育。如果學生想出國攻讀博士學位，猶太社群都會支援到底。這是人類最早實現的健全社群福利制度。如今，也只有猶太民族自發性的保有這種福利制度。

不過，就算是貧窮的猶太人，也厭惡只靠福利基金過活。在《聖經》、《米書拿》和《塔木德》裡，有許多段落要求人們透過勞動來達成經濟獨立。這一點清楚的反映在用餐後的感謝祈禱文中：

「親愛的天父，求您使我們不依靠人的幫助，只依靠上帝的手。……您的手是豐盛的、敞開的、滿溢的、聖潔的，使我們不感到羞愧。」

也有拉比說：「需要的話，就到市街上給動物剝皮，賺取報酬，不應該堅持『因為我是偉大的賢者，做這種事情會有損我的聲望』。」

與其他宗教不同的是，猶太教不認為清貧是一種美德，而是一種詛咒。「若將世上所有的苦難和痛楚都放在天秤的一端，將貧困放在另一端，貧困比那一切苦難和痛楚都還要沉重。」、「麵包籃空了，紛爭就來了。」這些話都反映出猶太人這樣的哲學。

捐款是小事，猶太人用十一億贖回人質

猶太人以其龐大的捐款金額而聞名，都是因為猶太律法明令：應幫助窮困的同胞。猶太人從小就使用存錢筒，存滿之後會再捐出，且建立出實現慈善的具體方法。

《妥拉》規定：「若弟兄之中有人需要幫助，則應該幫助他，直到足夠。」不過，雖然世界各地都有人需要幫助，但猶太律法規定，一般慈善行為僅限於收入的十分之一或五分之一，禁止捐獻超出自身能力的大筆金錢。

從學前到成年，猶太人會參加各式各樣的猶太教育機構與組織，不僅是為了接受教育，也是為了建立人脈。他們會互相提供可以讓彼此成長的機會和資訊，並聯合世界各地的猶太人，建立出強大的猶太人網路。猶太人團結一體、互相幫助，是猶太人的力量所在。

這種團結的力量源自猶太社群的「Pidyon Shevuyim」制度。猶太人自古以來便經常被認為是富人，而成為綁架犯的主要目標。這種時候，無論發生什麼事，猶太社群都會支付贖金，以救回同胞，這導致猶太人變成更熱門的綁架目標。希伯來文裡，「Pidyon Shevuyim」意為「買回被捉的人」，是一種義務性的捐獻制度，以拯救陷入困境的同胞。但也因為這個緣故，猶太人綁架案在中世紀持續了三百年之久。

納粹很了解猶太人的這個制度，曾經提議以十萬名匈牙利猶太人交換一萬輛貨車。當時，全球各地的猶太人悄悄展開募款，從未讓其他人發現。但最後談判講價時未能成功。如今，在墨西哥等地，猶太人綁架案依然是黑手黨的重要項目之一。

多年前，以色列曾經以監獄裡的一千一百名巴勒斯坦囚犯，向巴勒斯坦交換回一名被俘虜的猶太士兵。其他國家的媒體都無法理解，但在猶太人看來，那是理所當然的事情。此外，以色列建國以來，人口的七〇%由移民組成，期間便進行過多次營救海外同胞的作戰。

一九九一年五月二十四日的所羅門行動（Operation Solomon），就是一個很好的例子，當時，以色列在一夜之間，用三十六架巨型飛機將一萬五千名衣索比亞猶太人空運回以色列。

美國的猶太人也曾在三天之內，籌到三千五百萬美元的贖金，讓以色列軍隊奮力救出因他國內戰加劇，而面臨大屠殺危機的黑人猶太人。這樣的行動為以色列人民帶來了喜悅和信心，因為摩西所預言的「同胞都將回到故土」成真了。

除此之外，甚至還進行過在三週內，將四萬九千名葉門猶太人空運回以色列的魔毯行動（Operation Magic Carpet）；以色列也曾支付十一億美元給羅馬尼亞的獨裁者——尼古拉·希奧塞古（Nicolae Ceaușescu），以帶回四萬名的羅馬尼亞裔猶太人。

古老的猶太傳統：共享資訊和智慧

猶太人與同族同胞之間的共享精神，不僅限於物質層面，他們也彼此共享比物質更有力的資訊和智慧。如同富人貢獻自己的財富給社會，智者也應該貢獻自己的智慧給社會。因此，當同胞需要幫助時，無所貢獻是一種罪過。如果明明能為同胞尋求上帝的憐憫，卻沒有這樣做，就是犯下罪過。

即使在現代，這樣的共同體意識依然主導著猶太人的思想和行為。猶太社群之所以是由拉比來領導，也是基於這樣的原因。商場上，猶太人的事業只要發展起來，便會優先找同儕、親戚或其他同胞一起加入。

猶太人認為，整個民族是一個大家庭。如果一名陌生的外邦猶太人來到會堂，至少應該要有一名長老邀請他一同回家用餐，並提供他所需的資訊和幫助。這是猶太人長久以來的傳統。

這時，長老也會邀請熟悉當地事務的人一同用餐。如此一來，無論對方來自哪裡，都不會感到尷尬或不適，而且很快就會成為一家人。

因此，猶太人到外地出差時，都會先拜訪當地的猶太會堂。不僅是為了祈禱，也是為了會見同為猶太人的「親戚」。自古以來，猶太人之所以能夠與遠方的其他猶太社群互相往來、合作與幫助彼此，便是基於這樣的共同體意識。

猶太人強烈的意識到，每個猶太人不僅都應該做出符合猶太人身分的正確行為，也對整個猶太社群負有共同責任。這也代表，猶太社群有責任帶領每一位猶太人去做正確的事。一般而言，西方人通常偏向個人主義，較重視個人隱私和獨特的個性。但是，猶太人不同。**猶太人只有在成為猶太社群的一員時，才會成為真正的猶太人。**

猶太人的這種思維從古時候起，一代代傳承至今。《塔木德》裡寫道：「如果父母未能正確教育子女，或無法為子女提供那樣的環境，那麼，當子女犯錯時，就不應該將所有的責任都怪罪到子女的身上。」所有猶太人都懷抱著共同體意識而團結起來。

靠經商和傳訊網路，比別人更早賺到錢

西元前，當其他民族大多仍是文盲的時候，猶太民族的成年男子已經懂得識字。由此可見，猶太人具有超越時代的強大競爭力。後來，識字的能力發展出知識方面的涵養，變成猶太學者、醫師和商人輩出的原動力。

猶太人因為散居在各地的猶太社群裡，社群之間經常透過書信往來，針對宗教上的疑問進行問答。隨著時間的發展，猶太人變得擅於透過書信蒐集商業資訊並詳加運用，而那些資訊左右著市場上的所有交易。

這就是為什麼，猶太人能夠在商業和金融領域取得成功；他們之所以能夠洞悉各國匯率及特定商品供需波動，都是基於「資訊」所帶來的力量。**猶太人掌握了資訊，總是能比別人更早賺到錢。**

近代早期，猶太人不僅建立了基於血緣關係的「經商網路」，也建立了比任何人都要

更快連結起來的「傳訊網路」。他們熱切的往返書信，起初在布拉格、維也納、法蘭克福、漢堡、阿姆斯特丹之間，後來擴及波爾多、倫敦、紐約、費城。在這些地點之間，猶太人建立起高速的傳訊網路。

因此，猶太人能夠迅速掌握政治與軍事的動向，並針對無時無刻不在變化的地區及國內外的市場需求做出應對。波爾多的羅培茲家族與曼德斯家族、漢堡的卡爾克雷家族、巴格達的沙遜家族，以及在許多城市設有分支的佩雷拉家族、達科斯塔家族、科尼利亞諾家族和阿爾哈蒂家族，都是全球數一數二消息靈通的家族。至於在世界各地建立起龐大商業網路的羅斯柴爾德家族，則遠在這些家族之後。

而且，猶太人有一種獨特且有益的風俗。猶太人的安息日從週五日落時展開，比基督教的主日早了一天多。等到週六日落，安息日結束後，猶太人便開始工作。

猶太人會在週六晚上回顧當週，接著在週日，也就是一週的第一天，展開新的工作。週日當天，分散在世界各地的猶太社群，會互相交換重要的資訊。週日下午，拉比或相關領域的專家會分析蒐集到的資訊，並定出當週重要的行動方針。經過整理與制定後，週日晚上，社群之間將再次交換行動方針或其他資訊。比起一般人到了週一早上才開始工作和蒐集資訊，猶太人早了一天多，便開始新的一週。

因此，猶太人在資訊戰裡，總是領先他人一步；這也是猶太人在資訊戰中，比基督教商人或企業家更具優勢的根本原因，更是他們在以掌握資訊為關鍵的金融領域中脫穎而出的主要因素。而如今，猶太人的這項習俗變得更加耀眼，因為，資訊在這個時代裡無比重要。

創業失敗就收山？有三次無息貸款機會

事業一旦成功，猶太人便會先邀請家人或親戚一同加入，而當事業逐步壯大後，猶太人會找來更多同胞。因此，猶太人大多會參與家人或親戚所發展的事業，這也是猶太人長久以來的習俗之一。不過，即使是創業，猶太人也經常得到家人或親戚的經濟援助。就算身邊沒人能夠給予援助，也有猶太社群的「無息貸款制度」可以依靠。

猶太企業家成功後，通常會舉行聚會、組織團體，想辦法幫助其他猶太人，並成立基金。猶太社群從很早以前就設有無息貸款制度，以幫助貧困的同族同胞。

此外，對於想要創業或東山再起的人而言，資金籌措是當務之急。猶太社群長久以來都設有無息貸款制度，是頗為特殊的一點。其中具有代表性的例子，是十八世紀出現在歐洲的希伯來無息貸款協會。

無息貸款制度，是根據猶太律法所制定的。猶太律法不僅提到「應該借錢給有需要的人」，也提到「不可向同胞收取利息」，這樣的傳統一直延續至今。猶太人之所以能成功，是因為有這種制度的支持。

猶太人移民到美國後，這些傳統依然存在。獲得成功的猶太人會認為，捐款是理所當然的事。多數人捐款一萬美元到五十萬美元，而捐款超過五百萬美元的人也不在少數。在美國，猶太募捐團體等社群組織就有兩百多個。

在同一時期移民到美國的華人和日本人，也設有貨幣融通會或互助會這種同族同胞之間互相協助籌措資金的組織，但屬於有息貸款，而且出資借貸者都是貧窮的移民。

反觀猶太人，出資借貸者大多是已經在美國社會裡站穩腳步、獲得成功的人，他們不吝於借貸大筆的金錢。更重要的是，前者沒有宗教色彩，但後者是根據猶太教教義而建立的一種宗教慈善機構。

猶太人不怕失敗，他們認為失敗也是一種很重要的資產。因此，無息貸款協會願意提供失敗的創業者最多三次的無息貸款機會。由此可見，猶太人之間以系統性的方式來支持創業。而且，猶太人秉持著「虎之霸精神」，相信失敗越多次，就越接近成功。這就是為何，猶太人擁有蓬勃的創業風氣。

此外，以色列設有許多並非貸款，而是以創業投資為目標的基金。以色列只有七百八十萬的人口，在那斯達克（NASDAQ，股票交易所）上市的公司卻多達六十四間（按：根據二〇一六年《富比士》的報導，以色列於那斯達克上市公司數量位居全球第三，僅次於美國及中國）。以色列每年有五百多間新創公司誕生，這就是為何，以色列的經濟發展如此活躍。順帶一提，在美國那斯達克上市的韓國公司只有九間。

事實上，美國矽谷的創業圈亦由猶太人主導，且與以色列之間形成緊密的連結。據說，洛杉磯的某個猶太人機構提供猶太人無息貸款的回收率超過八〇%，而且，那些因為貸款而創業成功的人，會再捐出遠遠超過利息的金額，使基金不斷壯大。

由此可見，猶太人自行打造出一個兼具縱向與橫向的生態系統，形成一個彼此互相提攜的共同體。

3 猶太人的成年禮物：《聖經》、手錶和禮金

韓國具有尊重學者及教師的優良傳統。而且，學者和老師至今依然備受尊崇。不過，猶太人比韓國人更勝一籌，他們從古代起就將學者尊為共同體之中最優秀的人。

直到現在，猶太教的領導人依然是博學多聞的學者：拉比。拉比就代表老師，他們身為猶太共同體的核心，擔任老師的角色，引領社群的發展。猶太人生平最大的願望之一，就是希望子女長大後能夠成為拉比。

成為拉比，是家族的榮耀

猶太人是在經歷過苦難後，進而體會「知識就是力量」的民族。唯有不斷增加知識，才有可能在險峻的世界中生存下來。一個人在危急情況下帶得走的，頂多只有少量的金銀財寶，以及一點點日常生活必需品。也就是說，

▲ 猶太社群裡最受尊敬的職業：拉比。

猶太人經歷長期的迫害與逃難，體會到「自己唯一可以依靠且不會被他人奪走的，只有腦中的知識」。

「學得徹底」是猶太人的鐵律之一。猶太人對學習的興趣及熱情，源自於歷史上的傳統。猶太人的歷史當中，學者的社會地位最高，而且是備受尊敬的領導人。因此，社群由拉比所領導。

《猶太人歷史》（*A History of the Jews*）的作者保羅・強森（Paul Johnson）指出，猶太民族為人類帶來最寶貴的禮物，是人格化的一神信仰所延伸出的智慧及倫理道德。猶太人積極想要理解唯一上帝的旨意，因此不斷的開發智慧。而由於領受上帝的誡命，猶太人逐漸發展出當時其他民族尚未具備的倫理道德觀。

猶太人認為，運用自己的能力讓不公不義的世界變得公平合理、順應上帝，是一項義務，因此，必須不斷提升自己的智慧。同時，猶太教也鼓勵猶太人不僅為了上帝，也為猶太社群和全人類奉獻。此外，在猶太教中，智慧與「治理」是緊密相關的，因為長期以來都是由拉比來領導教會。

將學問當作讓自己出人頭地的一種手段，或將學問本身視為目標，會導出很不一樣的結果。猶太人之所以能在各個領域成為精英、奪得多項諾貝爾獎，是因為他們經常將學問視為目標。收錄拉比智慧的《先祖倫理》（*Pirkei Avot*）中，有這樣一段文字：

「為了學問而學習的人，上帝會給他們學習的機會；為了教導別人而學習的人，上帝會給他們學習和教導的機會；認為某個道理很重要、希望在自己的生命中實踐而學習的人，上帝會給他們學習、教導及實踐那個道理的機會。」

只專注於學問，放棄一百萬美元的猶太學者

許多數學家苦思不出答案、懸而未解將近一百年的龐加萊猜想（按：克雷數學研究所〔Clay Mathematics Institute〕懸賞的數學方面七大千禧年難題之一），最終由一名數學家以簡單的方式破解了，他就是格里戈里．裴瑞爾曼（Grigori Perelman）。

作為解開這項難題的數學家，裴瑞爾曼在二〇〇六年獲選為數學界最高榮譽，菲爾茲獎（按：正式名稱為「國際傑出數學發現獎」，每四年評選二到四位有卓越貢獻、年齡不超過四十歲的數學家）的得主。

但是，他拒絕領獎，也拒絕接受克雷數學研究所的一百萬美元獎金及俄羅斯科學院

院士的身分。無論任何獎項，一概被他拒絕。

裴瑞爾曼出生並成長於嚴重歧視猶太人的俄羅斯。他的母親擁有數學專長，很早就看出兒子的數學才能。

在裴瑞爾曼十歲那年，她將兒子送到列寧格勒的數學學習班。從那時起，裴瑞爾曼開始在各大競賽中嶄露頭角，十六歲那年更在國際數學奧林匹亞競賽中以滿分奪得金牌，被譽為「俄羅斯數學界的未來之星」。

二〇〇二年十一月，裴瑞爾曼三十六歲那年，他在網路期刊上（而不是正式論文期刊）發表了三頁的論文，徹底顛覆了數學界。他破解了龐加萊猜想，而且是以過往的數學家從未想過的方式解開。龐加萊猜想在數學中屬於拓撲學，裴瑞爾曼卻是透過微分幾何學和物理學來解開。

裴瑞爾曼對於數學和科學以外的事物都沒有興趣。解開難題之後的成就感，對他而言就是最好的獎勵。

然而，許多人並未試著去理解裴瑞爾曼的證明，反而認為他是覬覦那一百萬美元獎金。意外的是，就連作為同事的數學家之中，也沒幾個人相信他的證明是正確的。

由於只有極少數人能夠理解他的成就，連他身邊的同事都冷漠以對，裴瑞爾曼最後選擇隱遁。

他破解了龐加萊猜想後，拒絕接受一百萬美元的獎金，並堅決表示：「我追求的是宇宙的奧祕，怎麼會眷戀於這一百萬美元呢？」從此以後，他斷絕與媒體等所有外界的聯繫，隱居了起來。[21]

猶太人的堅持：自己的語言與義務教育

一個民族能擁有自己的語言與文字，是一種莫大的祝福。因為，文字承載著民族的靈魂。文字是一種很重要的工具，可以將整個民族的經驗、遺產以及先祖的智慧傳承給後代。

猶太人自古代起就擁有自己的語言與文字。希伯來文起源於西元前二〇〇〇年代中期，《舊約聖經》即以希伯來文寫成。西元前十三世紀左右，也有《希伯來聖經》的誕生。西元前六世紀，猶太人淪為巴比倫之囚時，依然使用希伯來文。猶太教是一種透過典籍來傳播的宗教。

猶太人為了保護自己的宗教，即使身處異地，也堅持使用自己的語言和文字。這就是為什麼，猶太人至今累積了五千年的歷史。

由於整個民族在羅馬時代經歷兩次離散，逐漸分散各地，猶太先賢決定將禮拜儀式標準化，以防猶太教因傳入不同地區而變質。此外，由於擔心原有的語言會遭到破壞，猶太先賢也寫出了希伯來文的詞典與文法。因此，至今，只要懂得閱讀現代的希伯來文，便能夠閱讀古代的希伯來文。

一四四六年，朝鮮王朝世宗大王頒布《訓民正音》，同樣顯示，一個民族擁有自己的語言與文字，具有多麼重要的意義。希伯來文記錄著猶太人與上帝之間的契約，也記錄著猶太人的歷史，並將其傳給後代。它不僅是能夠將其信仰與智慧傳承並發展下去的有力工具，也是能夠讓分散在世界各地的猶太民族保有其同質性的一項核心媒介。

十九世紀末，希伯來文恢復成為一種日常語言。如今，以色列不僅以希伯來文為官方語言，更向世界各地歸國而來的猶太人教導希伯來文。

西元前七十六年，哈斯蒙尼王朝第二任國王亞歷山大的遺孀莎樂美・亞歷山德拉（Salome Alexandra）成為哈斯蒙尼王室的最後一位女王。她在丈夫去世後統治九年，是第一個讓當時擁有眾多支持者的法利賽（Pharisee，第二聖殿時期的猶太教四大派別之一）進入猶太公會（Sanhedrin，古代猶太人的公議會，具有最終審判權）的統治者。她也將猶太人的口傳律法納入王國的法律體系中，試圖整合國家制度。

亞歷山德拉女王認為，若要讓人民團結，首先必須凝聚眾人的信仰。為此，每個人都應該閱讀及學習《聖經》和律法。然而，當時多數人都是不識字的文盲。因此，她決定至少讓在家中領導敬拜儀式的男子，擁有閱讀《聖經》及書寫文字的能力。

猶太人從三千年前起就開始設立學校。但起初大多為律法學校，比較沒有以一般人為對象的小學。因此，亞歷山德拉女王下令在全國各地廣設小學，所有男性、無論老少一律免費接受義務教育。於是，這樣的義務教育大大的消除了文盲，並且讓人民開始熟習律法。此為人類史上最早的公立教育與義務教育，也是最早的民族宗教教育。

由此可知，猶太人從西元前便開始實施義務教育。律法學校等免費高等教育亦從那時開始推行。

猶太人的免費高等教育，起源自西元前一世紀的拉比希勒爾。他雖然很窮，卻從未放棄成為拉比的夢想。他每天都將自己工作所得的一半拿給妻子作為生活費，剩下一半則作為律法學校的學費。

但某日，由於沒有工作可做，希勒爾一毛錢都沒賺到，他不得不兩手空空的去學校。由於沒有錢，他無法進教室，因此他整晚趴在天窗上，一邊朝著教室裡偷看、一邊學習，最後不小心睡著了。那天晚上下雪了。隔天早上，正當老師納悶著教室為何這麼暗，一邊往上看時，才發現希勒爾趴在天窗上，而且身上積了一公尺高的雪。

當天正好是安息日，而猶太律法規定，安息日不可搬運重物。然而，律法老師看見此景，說：「有人如此好學，即使違背了律法也沒有關係。」於是，學生們將希勒爾帶到火旁，融化他冰冷的身體，並為他塗上油。此後，律法學校也開始免費提供教育。猶太人決定讓即使沒有錢也一心向學的學生，有機會接受教育。

這項傳統至今依然保持著，而如此認真學習的希勒爾也成為以色列最傑出的律法學者之一。

約哈難：透過教育，守護猶太民族

西元六六年，猶太人起義反抗羅馬帝國，是為「猶太戰爭」，也是歷史上第一次的猶太羅馬戰爭。於戰爭的第二年，羅馬皇帝尼祿（Nero）任命維斯帕先（Vespasian）擔任統帥，以鎮壓猶太人。他率軍包圍整個耶路撒冷，試圖逼迫猶太人因為飢餓而投降。

這時，耶路撒冷出現了一名和平主義者，他預言，屬於激進派的奮銳黨（Zealotry）的抗爭不會成功。他就是著名的拉比約哈難，為一名法利賽人。約哈難預言戰爭將以屠殺告終，且猶太人將四散各地。他認為，比起民族獨立，猶太教的保存與教育更為重要，因此他主張投降。不過，他的提議未獲採納。

約哈難認為，為了防止猶太民族從歷史舞臺上消失，猶太人必須與羅馬軍隊統帥之間進行某種程度的妥協。當時，被羅馬軍隊包圍的耶路撒冷成了人間煉獄，成千上萬的猶太人死於飢餓與疾病，卻沒有人能夠踏出耶路撒冷一步。

約哈難向自己的學生表達內心的信念後，與學生計畫一同逃跑。他的學生走到街上，一邊撕著衣服，一邊哀慟的哭喊道，偉大的拉比約哈難已死於鼠疫。他們請求奮銳黨允許他們將拉比的遺體埋葬於城外，以免鼠疫在城內肆虐。於是，他們扛著約哈難的棺材，走出耶路撒冷，抵達維斯帕先的軍營。

這時，約哈難從棺材裡踏了出來，向維斯帕先預言：「您很快就會成為羅馬皇帝。」並請求維斯帕先在成為皇帝之後，允許猶太人在耶路撒冷附近成立少數幾間學校，讓猶太人能夠安心的學習猶太教的典籍。約哈難的預言非常轟動，但他提出的要求卻很卑微。於是，維斯帕先允諾，倘若預言成真，他將成全約哈難。

後來，猶太人在獨立戰爭中戰敗，當時的主導勢力：奮銳黨、短劍黨（Sicarii），以祭司、地主及貴族為主的撒都該人（Sadducee），居住於庫姆蘭修道院的艾賽尼人，全都消失了，唯有法利賽人倖存下來。由於撒都該人從歷史舞臺上消失，如今，猶太教已經不存在領導敬拜儀式的祭司。

於西元七〇至八〇年間，約哈難帶領著法利賽人，前往距離以色列第二大城市特拉維夫二十公里遠的城市，亞夫內。他在當地設立了律法學校，並全心全意投入教育工作。因為他相信，唯有完整保存猶太律法，才有可能復興猶太教並守護猶太民族。

約哈難在律法學校裡講授《妥拉》，每年培育出少數幾名拉比，並派遣他們到散布於歐洲各地的猶太人村落，在當地成立猶太會堂，進行敬拜並向猶太人講授《妥拉》。這對於在戰爭當中失去家國的猶太人的存續與否，起了關鍵的作用。

律法學校：傳承猶太教傳統

對於猶太人而言，教育即信仰。猶太人之所以誕生在這世上，目的就是將上帝的恩典傳播到萬邦。若要成為偉大的上帝恩典之傳播者，必須接受教育；倘若不接受教育，絕對無法成為傳播者。

因為，處於無知與黑暗中的人，是無法帶領人們走向光明的。唯有接受教育、認真學習，才能活出上帝的偉大並傳播上帝的恩典。約哈難身陷令人絕望的境地，卻奇蹟似的將教育的傳統保留了下來。

約哈難認為，即使耶路撒冷被攻陷，只要猶太教的傳統能夠透過學校傳承下去，猶太民族便能夠延續。西元七〇年，耶路撒冷的聖殿被羅馬帝國軍隊焚毀後，儘管猶太教的形式有所改變，但之所以能生存且延續下去，都要歸功於約哈難的努力。後來，法利賽人中誕生了多位著名的拉比，在猶太人被逐出耶路撒冷、四處漂泊之際，引領整個民族前進。

拉比的角色在於解釋律法及進行教育，而教育方式主要為提問與討論。猶太人的提問與討論教育便是從此時開始奠基。拉比並非聖職人員，而是一般教徒。因此，每個拉比都有自己的謀生方式。直到今天，拉比都屬於一般教徒，而非祭司。

嚴格而言，拉比並不能進行任何儀式。拉比的主要工作為傳道，但從本質上而言，即相當於老師的教導。這並不代表拉比沒有權威或影響力，拉比的權威不是宗教所賦予的權威，而是因為學識、教導或高尚的德性而自然產生的權威。

值得一提的是，在古代培育拉比的學校葉史瓦（Yeshivah）裡，**一年級被稱為「賢者」，二年級被稱為「哲學家」，直到最高的三年級才被稱為「學生」**。這背後的思想是：謙虛的學習才能夠走向最高的位置，而且，人必須學習多年才能夠真正成為學生。

猶太人重視教育的傳統一直延續到今天。在一九四九年，也就是以色列建國的第二年，國家通過了義務教育制度法案，允許三至十八歲的未成年人免費接受教育。從幼兒園到高中，都屬於免費的義務教育。

猶太人從三歲開始學習希伯來文，目的是學會背誦律法。十三歲成年禮時，不僅必須完整背誦出《摩西五經》的其中一篇，也要向參加成年禮的眾人發表一場以《聖經》為主題的演說。

猶太人這樣的傳統，自古以來就與他們的傑出才智有著緊密的連結。據說，從此以後，世界各地的猶太社群裡幾乎沒有任何文盲，相較起來，二十世紀初的全球文盲率仍高。

西元前的亞歷山德拉女王為了拯救猶太人脫離文盲所做出的努力，可說是成就今日猶太民族的根本之一。

猶太教特有的猶太會堂

猶太人之所以能夠形成信仰共同體，一路生活到今天，是因為有宗教教育作為其精神方面的力量來源。西元七〇年，耶路撒冷聖殿被毀後，猶太人開始離散與漂泊。不過，猶太人無論流浪到哪，都會先在當地建造猶太會堂。

猶太會堂不僅是禮拜堂，也是猶太人學習的場所，以及作為共同體核心的聚會場所。猶太會

▲ 猶太會堂是猶太教的中心。

堂與基督教教堂有很大的不同。基督教教堂或禮拜堂裡，有牧師或神父負責主持禮拜。佛教寺廟裡，也有僧侶和住持。但是，猶太會堂裡沒有這樣的角色，只有拉比。

拉比不是聖職人員，而是一般的教徒。拉比博學多聞，因此擔任猶太社群的領導者與裁決者，以及在有人遇到困難的時候，作為一個朋友，為其解惑。所以，拉比的地位並不比一般教徒高，也不會領導敬拜或講道。

猶太教並不像佛教或基督教一樣，認為「守護宗教」只是僧侶或牧師等聖職人員的責任，而認為**每個猶太人都有義務與責任去守護宗教**。猶太教沒有聖職人員，所以，每一位教徒都知道自己有守護宗教的責任。

基督教裡，《聖經》的閱讀與解釋主要由牧師或神父來主導，教徒則被動的接受聖職人員所解釋的內容。但是，猶太人在十三歲成年禮之後，即有義務自行閱讀《聖經》。而且，猶太教認為學習比祈禱和敬拜更為重要，猶太會堂則是教徒們聚在一起，學習、討論《妥拉》和《塔木德》的場所。猶太人相信，唯有透過學習來理解上帝的旨意，才能夠為上帝的聖工做出奉獻。

中世紀的天主教自一二二九年起，禁止教徒擁有及自行閱讀《聖經》，長達五百年之久，這是為了防止教徒錯誤的解讀《聖經》，而誤信錯誤的教義。

因此，縱觀歷史，基督徒大多為文盲。而從結果上來看，天主教變成了一種助長文盲的宗教。這就是為什麼，天主教會發展出多樣的宗教畫，因為他們以圖畫代替文字，向教徒傳達《聖經》的內容。

商業能力，從閱讀、計算及分析而來

猶太人具有獨到的商業才能。與其說是天生，不如說是知識所帶來的力量。在古代，大多數人都是文盲時，能讀、能寫本身就是一種強大的競爭力。猶太人無論身在何處，都會根據猶太教的教義不斷的學習，因此普遍具有很高的教育水準。

而且，為了與其他離散的猶太人保持聯繫，他們每週都會寫幾封信。信中除了針對信仰上的疑問進行問答之外，也會論及地方事務、貨物情報等各種商業資訊。因此，猶太人發展出卓越的閱讀、寫作、計算及分析事物的能力。此外，為了遵守律法，猶太人非常重視信用與契約，具有高度的商業道德。

透過這樣的方式，世界各地的猶太社群之間形成緊密的連結，互相交換資訊、挖掘商機、幫助彼此。尤其，透過遠距貿易而互相往來的猶太人，有信任作為基礎，如家人般團結。於是，猶太人建立出全球性的貿易網路，發展出大規模的事業，並且繁盛起來。

猶太人從古代開始不斷累積的教育的力量，為他們創造出具備龐大能量的社會資本。

這就是為什麼，當今各大領域裡都出現猶太裔領導人的關鍵原因。

很多被認為只不過是碰巧發生的事，事實上，許多都是猶太人努力之下的必然結果。猶太裔領導人不斷出現，亦非偶然。[22]

猶太人雖然分散於世界各地，但他們以拉比為中心，形成信仰共同體，自然而然的學會同時使用希伯來文與當地語言。至於教育，也是猶太教育與當地教育並行，透過生活與教育的各個層面，自然的融入當地文化。

猶太人深入各地且當地化之後，便成為遠方同胞在事業合作上的龐大力量。因此，猶太人既保留了自身的信仰與傳統，又在現實生活中達成國際化與本土化。

原則上，猶太教是不分種族的。只要信仰猶太教，任何人都可以成為猶太人。比起種族，猶太教更重視「信仰」。因此，不同地區的猶太人，具有不同的膚色與特徵；北非猶太人的膚色是黑色，俄羅斯猶太人的膚色是白色，印度猶太人的膚色是棕色，中東猶太人的膚色則是黃棕色，並以鷹勾鼻為特徵。

隨著貿易市場全球化，資訊變成最重要的因素。猶太人遍布世界各地，他們的同胞就是一個全球性的網路。因此，他們能夠取得其他民族無法比擬的絕對優勢，並從全球化的角度來進行決策與拓展事業。

此外，猶太人從古代起就擅長壟斷香料與絲綢等貨物，因為，他們擁有強大的全球性網路，資訊交流快速。甚至到了今天，諸如黃金、鑽石、石油、國防資源等壟斷性的產業，也大多與猶太人深深相關。至於串連起整個世界的金融業和零售業，猶太人也在這些領域發揮著獨一無二的優勢。

猶太人對教育超狂熱，但不提供任何有排名的成績單

猶太人對教育的狂熱超乎一般人的想像。從西元前起，國家就開始實施義務教育。孩子牙牙學語之後，母親便開始在家中教導孩子，展開「母親的教育」。這是猶太人自從被迫住在聚集區、無法將子女送到一般正規學校後所產生的習慣。

但嚴格來說，猶太民族是家父長制社會。父親是家庭的中心，也背負著教育子女的責任，母親不過是丈夫的忠實助手。

猶太人認為，父母必須從子女小時候起，就透過律法和《塔木德》教導他們信仰和智慧，子女才會成為一個好的猶太人。因此，對猶太人而言，在子女十三歲之前，將他們培育成遵守猶太律法和安息日的完整猶太人，就是上帝賦予猶太父母的人生使命。

猶太人從六歲開始接受小學正規義務教育。開學第一天，對新生而言就像是一場大型慶典。為了讓新生理解「學習就像蜜一樣甘甜」，學校會分發塗上蜜的餅乾給新生。在從前

還不能輕易吃到餅乾的時候，猶太人就會製作以希伯來文字母拼成的「上帝愛我」餅乾，再塗上蜜並分給孩子吃。孩子吃了之後，便能體會：學習就像蜜一樣甘甜，並深信上帝的愛。

尤其，居住在以色列境外的猶太家庭，五歲以下的孩子教育由母親全權負責。滿五歲後，孩子才會被送到猶太會堂，正式開始學習。猶太人並不將教育視為權利，而是義務。因為他們相信，唯有透過教育，才能夠守護民族的信仰。

猶太人對教育有多狂熱？很有名的特色之一是：他們從小就會上兩所學校。居住在以色列境外的猶太孩子，從幼兒園時期開始，就要在放學後前往猶太會堂所設的猶太學校，每週上三次課，學習希伯來文、意第緒語，及猶太人的歷史與傳統。藉此，猶太孩子才能了解自己的民族曾遭受的苦難、殘酷的現實世界，並認識自己的父母。

猶太人這項特有的傳統已經傳承了四百多年。無論生活在什麼地方，猶太父母都會在子女放學後，送他們到猶太學校學習。

在美國，除了課後的猶太學校外，也有很多正規的猶太學校。其特點是，**不提供任何含有排名的成績單**，

▲ 中世紀北非的猶太學校。學生必須戴上尖角帽，以標示猶太人的身分。

只提供學習進度表，以鼓勵學生與他人「不同」，而不是與他人「互相比較」，來激發學生發揮創意。

猶太學校的優點是，每堂課都很有趣。對於正在成長中的孩子而言，一切事物都很新奇。因此，猶太學校教師的教學方法就是：激發孩子的好奇心，並引導孩子提問。透過大量的提問，讓學生了解看事情的觀點並非只有一種，而是能有很多種。此外，學費不是統一的，而是根據父母的收入多寡而有所差異。倘若學生的家境困難，其父母便無須負擔學費，而是由整個社群來負擔。這樣的制度，讓所有人都有機會受教育。

成年禮：從「人子」到「上帝之子」

對猶太人而言，十三歲具有非常特殊的意義。猶太人年滿十三歲後，就會被視為成年人，必須在上帝面前自行負起全部的責任。因此，十三歲生日當天會舉行非常盛大的成年禮。成年禮和婚禮一樣，都是人生中非常重要的日子。

成年禮的希伯來文為「Bar Mitzvah」，意為「上帝誡命之子」。這代表，教育孩子的責任已經從父母轉移到上帝。孩子自此脫離父母的保護，成為一個獨立且健全的個體。

成年禮之後，孩子必須在上帝的幫助下自行學習。猶太教規定，猶太人必須終身學習

《妥拉》，而且學習是一輩子的義務。除了學習《妥拉》之外，猶太人也相信，只要活著就應該不停學習，挖掘上帝的真理，為人類做出貢獻。一直以來，猶太人都將終身學習視為理所當然。

根據猶太人的宗教觀，人的靈魂有不同的層次。其中，名為「Neshamah」（意指靈魂）的層次從十三歲開始。猶太人相信，人在年滿十三歲以後開始懂事，能夠與上帝立約，且有能力實踐立約。

當今的發展心理學也認為，從小學畢業後，人就會形成自己的思想與價值觀。如果說，「割禮」是在身體上表示出上帝與自己之間有立約；「成年禮」就是由本人去認同上帝與自己有立約，並表示自己將依照上帝的旨意來生活。

籌備成年禮的一年間，猶太人會不停的思考：我是誰？為何來到這世上？我應該做什麼？由此看來，成年禮是一個讓人確立其自我認同的場合。

成年禮中，主角會打開一束寫有部分希伯來文《妥拉》的經卷，並朗讀出來。猶太人認為，正式在許多人面前朗讀《妥拉》是一種難得的祝福。不過，因為必須以希伯來文朗讀，所以通常在舉行成年禮的前一年，孩子便會開始學習希伯來文。

當子女以希伯來文朗讀《妥拉》時，父母會唱和：「感謝上帝讓我們卸下對這個孩子的責任！」藉此宣告，子女以後無論犯下任何信仰上的錯誤，他都必須自行負起責任。子女經歷成年禮之後，在信仰層面上不再從屬於父母，而是成為一個獨立的教徒。

下一個環節是子女針對猶太律法的某個篇章，在眾人面前發表演說。籌備成年禮的一年期間，子女會不斷的雕琢演說內容，並在成年禮上發表。

經歷成年禮之後，孩子便成為成年人，不僅能夠結婚，也有權利選擇自己一生的職業。透過舉行成年禮，猶太人將建立自己的人生觀與職業觀。

三份成年禮物的意義

在成年禮當日，猶太人會從父母和客人那裡收到三份禮物：《聖經》、手錶和禮金。

《聖經》所代表的意義是，從此以後，父母不再擔任中間的角色，子女將直接面對上帝，並將成為一個不愧於上帝且負責任的人；手錶的意義是，從此以後，子女將成為珍惜時間、遵守約定的人。《塔木德》裡便提到，十三歲後要依照《聖經》教導的方式

▲ 猶太人的成年禮隱含「將上帝寄託的孩子還給上帝」的意思，子女將從此成為一個獨立的猶太人。

生活，十八歲是適合結婚的年齡，二十歲以後要在經濟上為自己負責。

由此可見，成年禮對猶太人而言，具有非常特殊的意義，而周圍的人會透過禮金來表示祝賀。禮金的多寡隨著父母和客人的身分而有所差異，但是客人通常會送上兩百至三百美元的禮金，親戚則會再多一些。親近的親戚尤其會送上大筆禮金，以祝福孩子的未來。

此外，家中的長輩會像是要傳承遺產一樣，遞出非常大筆的禮金。而成年禮當天收到的禮金，從數萬美元到數十萬美元不等，都屬於子女所有。這筆錢通常會用於投資股票、債券以及定存，也就是在投資未來。

很重要的一點是，猶太人從十三歲起就擁有金錢意識，並且開始獨立理財。若要好好運用在成年禮當天收到的禮金，就必須自行調查和研究企業及經濟的動向。透過這樣的方式，父母無須額外要求子女去研讀經濟學，子女自然而然就會學習到如何管理資產。

投資後的成年禮禮金，等到大學畢業、即將進入社會時，通常已經成長了數倍。因此，猶太人在大學畢業後，通常是帶著數萬美元踏入社會的。他們從一開始就透過實際投資，體會「錢不是靠賺，而是靠滾」這個道理。**他們不會煩惱該如何賺錢，而是煩惱該如何「滾錢」**。

我們在二十歲出頭開始踏入社會、為了自己的生活和子女的教育而「找工作餬口」時，猶太人早在踏入社會以前，就已經開始學習如何理財並思考如何「錢滾錢」。到了四、五十歲，我們開始擔心退休後的生活、想學習如何理財時，猶太人早已具備金錢意識並享受著下半生。猶太人廣及全球的經濟實力，是他們從小被訓練而來的結果。這是非常可怕的差異，也是猶太人的競爭力所在。[23]

第四章

用創意驅動經濟的時代

現有的經濟模式之下，相較於創意，人們更重視成長力，
然而，「創意經濟」是由「創意」而非成長力來驅動的；
當富含創意的想像力與夢想成為經濟發展的動力，將會創造出數十萬個工作機會。

1 國家存亡，取決於專業技術

猶太人對教育擁有異常的執著。一九一七年十一月英國發表《貝爾福宣言》（Balfour Declaration，於此文件中，英國政府表示贊同猶太人在巴勒斯坦建立國家）後，猶太人所做的第一件事是在耶路撒冷設立大學，比建國早了足足三十年。

一九一八年，第一次世界大戰結束時，耶路撒冷飽受戰爭的摧殘，人口稀少、滿目瘡痍，猶太人卻放眼未來，在當地設立希伯來大學。當時，巴勒斯坦只有五萬六千名猶太人。因為，有三分之二的猶太人都在戰爭中喪生。

猶太人相信，先有大學，才有可能發展工業，最後獨立建國。設立希伯來大學，等於在向世人宣告他們獨立建國的意志，並且讓世界各地的猶太人意識到「我們應該在巴勒斯坦建立自己的國家」，也藉此為猶太復國運動埋下重要的種子。

為希伯來大學奠下基礎的，是猶太裔科學家哈伊姆．魏茨曼（Chaim Weizmann）。一九〇〇年代初期，魏茨曼在日內瓦大學教授化學時，便主導相關計畫。起初，希伯來大學只是一個研究機構，不過，一九二三年起，**愛因斯坦與佛洛伊德也開始在裡面任教**，而且這也是愛因斯坦首度以母語希伯來文授課。

一九二五年，希伯來大學正式建成，下設化學、微生物學、猶太民族學，共三個研究機構。舉行創校典禮時，曾擔任英國首相的阿瑟．貝爾福（Arthur Balfour）等高官及許多著名人士皆出席。

希伯來大學在一九四九年成立醫學院與法學院、一九五二年成立農學院之後，擴展為四個校區。包含愛因斯坦在內共有八名諾貝爾獎得主，此大學也誕生了四名以色列總理。目前已發展為一所著名的大學，排行世界前三十名（按：根據CWUR世界大學排名，於二〇二〇年，希伯來大學位居第六十五名）。

以色列的研究機構很早就積極的將技術商業化，以拓展研發資金的來源。在一九五九年，魏茨曼科學研究所成立全球第一間技術移轉公司，耶達（Yeda，希伯來文原意為知識）；一九六四年，希伯來大學成立了技術移轉公司，伊薩姆（Yissum，希伯來文原意為實踐、應用）。

希伯來大學近年引領著生技產業的發展。大學內部支持創業的機構十分發達，隸屬於大學的新創公司也主導著產業的創新。光是在以色列，就有七百多名業者透過伊薩姆技轉公司，取得希伯來大學轄下八十間生技公司的技術，用以生產商品。

據說，希伯來大學每年收取的專利費高達數十億美元。世界各地都愛吃的聖女小番茄，智慧財產權即為伊薩姆技轉公司所有，每年可藉此賺進十億美元。

全球第二大製藥公司諾華（Novartis）使用伊薩姆的技術，開發出阿茲海默症用藥憶思能（Exelon），每年賺進十億美元。於二〇一七年，英特爾旗下的汽車駕駛輔助系統Mobileye，也是透過伊薩姆才達成商業化。伊薩姆目前擁有七千多項智慧財產權和兩千多項發明專利。

伊薩姆的特點在於，它提供客戶（通常是研發技術的教授或學生）一個合理且明確的報酬。技術一旦商業化，每當銷售發生，大學就會將專利使用費的四〇%給研發者，四〇%給校方，二〇%作為研發資金。

以色列的生技公司之所以能一直領先全球，就是因為它們透過這樣的方式，不斷取得大學內部生技公司的新技術。

以色列每一萬名工作者中，就有一百四十五名是科學家或工程師，比例為全球最高。相較之下，美國有八十四名，日本有七十名，德國有六十名。[24]

專業技術，沒人偷得走的實力

在一九二一年獲得諾貝爾物理學獎的愛因斯坦，很早就投入猶太復國運動。以色列建國前，他便積極推動在耶路撒冷成立希伯來大學，也推動了以色列理工學院的成立，甚至擔任第一屆主席。當時，猶太人連十萬名都不到。由此可見，他深深相信國家未來的命運，將取決於科學技術的研發。

以色列之所以在高科技領域具備國際競爭力，很大程度上要歸功於以色列理工學院的高品質教育。目前，以色列理工學院已經成為全球聞名的大學，在資訊與電腦領域甚至超越美國麻省理工學院。

作為以色列理工學院首屆主席的愛因斯坦，強調了技術研發的重要性。他指出：「以色列生存的唯一辦法就是研發專業技術。」

以色列人並沒有忘記愛因斯坦的話。為了生存，他們克服了無數難關，在貧瘠的沙漠上打造家園、抵禦外侮，這一切都很不容易。

以色列建國後，陸續面臨了四次中東戰爭，深刻的體會到自主國防的必要性。因此，他們開始獨立研發軍事技術，進而誕生許多民營企業及新創公司，最終發展為高科技強國。

以色列理工學院為以色列的重建做出龐大的貢獻。他們首先面臨的是「水」的問題。為了解決缺水的問題，

▲ 愛因斯坦成立的以色列理工學院。

從歐洲移居而來的猶太復國主義者們，決定在低窪地建立集體村落，以利於在下雨的冬天儲藏雨水。但後來瘧疾爆發，導致許多人死亡，因此，他們在一九二〇年代移居到丘陵地，並開始從北邊的加利利海抽水使用。

那是非常珍貴的水資源。不過，除了民生用水，也需要農業用水，才有可能在沙漠中生存。在乾燥炎熱的沙漠裡生出澆灌用水，是一件令人難以想像的事。但如果不耕種，就無法擁有自給自足的經濟體系。

最後，他們找到一種能有效率的灌溉農作物、又能節約用水的方法。他們不對整株作物灑水，而是每隔一段間距就在作物的根部周圍滴水。這是水利工程師布拉斯（Simcha Blass）看見一棵樹靠著水管的漏水存活時，所想到的點子。

於是，「滴灌技術」誕生了。只要將水管裝設在樹木或蔬菜的根部周圍，讓水在固定時間滴到根部，即可完成灌溉。如此一來，只要供應所需用量的水即可。

奈特菲姆（Netafim）是最早發明這項技術，並打入全球市場的公司。如今，滴灌技術已在國際間馳名，且已經引進韓國。這是個人的創意加上政府的努力，將其提升為國家級灌溉技術的結果。

相較於鄰近的阿拉伯國家，以色列的城市建有更多公園，擁有更多的綠意。實際上，那些樹木與綠地是花費大筆金錢打造而來的，因為大多數的樹木周圍都裝設了可滴水灌溉的水管。

以色列人不斷努力研發，後來更進一步發展出能將海水變成淡水的「海水淡化技術」，使沙漠變成農田，讓沼澤變成沃土。此外，以色列人也懂得如何從沙子中提煉出半導體的材料矽。他們在資訊、電子、光學和醫學領域，展現出強大的實力。

製造祕密武器，爭取獨立建國

在一九二〇年代爭取獨立建國的猶太人，處境十分艱困。巴勒斯坦的猶太人除了要想辦法戰勝自然環境以外，還必須抵抗四周的阿拉伯人。武器乃戰爭之必要，而以色列國防工業的發展歷程深具啟發性。

一九二九年發生希伯倫大屠殺後，以色列人切身體會到自我武裝的必要性，於是組成「以色列軍事工業」(Israel Military Industries，又名 Ta'as）的組織生產武器，並於麵包店、洗衣店及其他隱密場所製造炸藥。

猶太人不僅自行研發獨立建國所需的武器，也

▲猶太復國運動領導人及以色列第一任總理：本－古里昂。

祕密的從海外購入他們所缺乏的東西，甚至購入飛機和坦克零件，用來自行加工成品。這些隱藏在地下的國防工業業者的武器設備，紛紛在獨立戰爭中發揮重要的作用。

在此基礎上，猶太人於一九三三年成立軍事組織「哈加拿」（Haganah），使武器製造的過程更加系統化。發動獨立戰爭前的一九四七年，猶太復國運動領導人大衛・本－古里昂（David Ben-Gurion）派遣哈加拿的科學家與工程師前往美國，購買製造武器的設備，並偷偷的將設備運回，以製造輕型機關槍與大砲。以色列建國後，那些神祕的武器製造商，也紛紛轉為以色列軍事工業的一員。[25]

技術無法應用，就沒有任何價值

以色列建國後，各大跨國科技公司爭相進入以色列理工學院所在的城市——海法（按：位於以色列北部的海港城市，為以色列第三大城市），以爭取以色列理工學院的優秀人才。**以色列理工學院在以色列的地位，相當於美國矽谷的史丹佛大學。**

摩托羅拉公司（Motorola）最早在一九六四年進軍以色列，於海法成立美國以外最大的設計中心，專注於研發。IBM在一九七二年於海法成立研發中心；英特爾則在一九七四年於海法成立研發中心，最終研發出奔騰（Pentium）處理器，目前也正在研發下一代產品。

除此之外，微軟、高通、惠普（HP）都競相在一九九〇年代於海法成立研發中心。一九九〇年代後期，以色列之所以能在全球技術市場上過關斬將、獨占鰲頭，都要歸功於以色列理工學院。

以色列理工學院的研究以「實用」著稱。他們的理念是：**無論技術有多麼先進，若無法應用，就沒有任何價值**。自一九二七年以來，以色列理工學院就有五萬多名畢業生，持續領導著以色列高科技產業的發展。而且，其中七〇%以上的創業者與管理者都來自以色列理工學院。

目前，校內依然有多達八〇～九〇%的學生試圖創業，且電腦工程學系的五十多名教授中，有一半的人都擁有自己的公司或受聘為企業顧問。

以色列理工學院最近正在展開新的嘗試。他們與美國康乃爾大學合作，在紐約市曼哈頓旁的羅斯福島上開辦新的校區，希望推動第二個矽谷的誕生。

這個計畫由以色列理工學院主導，他們的宏圖是在美國東部打造一個新創中心，以超越美國西部的矽谷。推動此計畫的是前任紐約市長彭博，而許多猶太人創辦的大企業均參

▲ 美國康乃爾大學科技校區的藍圖。

與投資，像是谷歌與高通。

紐約市瀰漫著創投的熱潮。當時的市長彭博積極的打造有利於創投的環境，並提供獎勵措施，使創投公司不斷湧入紐約。在曼哈頓，幾乎每天都有創投公司舉辦說明會，向投資者說明創業理念並籌集資金。

紐約市政府為了獎勵創投，特別積極打造育成中心，目前已經在哈林區等十四個地區建成。例如，在哈林區，有一間距離哥倫比亞大學僅二十分鐘路程的生技新創公司辦公室，每月租金只要九百九十五美元，與曼哈頓其他地區的租金相比便宜許多。而除了讓新創公司能以低廉的租金租到辦公室以外，更提供配有昂貴實驗用具及設備的共用實驗室。

此外，育成中心還免費提供有關智慧財產權法律與保護的諮詢，也免費傳授其他新創公司的創業專門知識（know-how）；同時，育成中心也是讓數百間新創公司與投資者建立聯繫的平臺。

紐約市政府所資助的育成中心裡，已經有六百多間新創公司進駐，且籌集超過一億美元的資金。若加上未接受政府資助的新創公司，則有超過一千間的新創公司正在運行。紐約不僅要成為第二個矽谷，更要超越矽谷，成為新創中心。

由於紐約市政府積極扶植，且有大量資金支持，曼哈頓正迅速的朝著新創中心發展。在被譽為全球金融中心的紐約，只要你有好的創業理念，那麼，找到資金一點也不難。[26]

將成果迅速商業化，增強研究動力

一九三三年，魏茨曼創立魏茨曼科學研究所（Weizmann Institute of Science）。此後，以色列理工學院的應用科學、魏茨曼科學研究所的純粹科學，分別成為以色列科學發展的兩大支柱，兩者都在以色列建國前就成立，猶太人如此有遠見，令人驚嘆。二〇〇八年，美國學術期刊《科學》（*Science*）將希伯來大學與魏茨曼科學研究所，選為美國境外最好的研究型大學。

魏茨曼科學研究所設有碩博士課程。意外的是，儘管這是全球第一個為了推動研發及商業化而成立的研究所，這裡卻未設工程學課程，僅教授生物學、化學、物理學和數學等基礎科學。

魏茨曼科學研究重視的是長遠的教育。他們希望出自魏茨曼科學研究所的人才，能夠在二、三十年後研發出引領經濟發展的新技術，因此並不諱言，其八〇%的研究內容都是在有生之年看不到結果的。

不過，他們仍非常重視新創和技術研發。魏茨曼科學研究所旗下擁有耶達技轉公司，致力於將新技術快速商業化。由於研究成果能夠在短時間內商業化，研究人員都抱持著強烈的研究動力。

耶達技轉公司年營收超過一百億美元。其中，光靠著治療多發性硬化症的用藥柯珮鬆（Copaxone），就創造了三十億美元以上的營收；治療大腸癌的用藥爾必得舒（Erbitux）也已獲得美國食品藥物管理局（FDA）的認證，於全球各地廣為使用。至於以色列的其他大學，旗下也都擁有這樣的子公司。

反映科學的全球性，魏茨曼科學研究所是以色列唯一以英文授課的教育機構，其碩博士生不僅能夠擁有先進的研究設施與團隊、學到最新的知識，還能享有完善的獎助學措施，學生得以專心進行事研究工作，沒有任何經濟負擔。

跨學科教育，培養創意型人才

魏茨曼科學研究所很重視跨學科教育，碩士生必須修習主修學科以外的其他學科共一年。假設你主修生物學，則必須分別修習化學、物理學和數學各四個月。因此，課堂上往往會有來自各個學科的學生。

懷著強烈虎之霸精神的學生，在參與他們不太了解的課程時，課堂上總會爆發熱烈的討論。在分小組和以實驗為主的課堂上，學生可以接觸到不同的觀點，也會不斷嘗試新的實驗，進而拓展自己的思維，並提升創意及好奇心。透過接觸不同的領域，學生們便能發現在自己的研究領域中看不到的新事物。而在這個過程中，也能自然而然的增加跨學科的創意及知識。[27]

魏茨曼科學研究所的跨學科研究風氣，促成了許多現今研究的學術合作，也造就了科學界的獨特發展。為了促進學術交流的風氣，魏茨曼科學研究所增設十九個研究中心，不僅使研究上的合作更加頻繁，更增加了科學家之間的交流機會，並舉辦國際學術會議、研討會及各種文化教育活動。

以色列目前擁有八間綜合大學與二十七間專科大學。其中，希伯來大學、以色列理工學院及魏茨曼科學研究所名列全球前百大（按：根據CWUR世界大學排名，於二〇二〇年，魏茨曼科學研究所位居第六一名，希伯來大學位居第六十五名，以色列理工學院則位居第一五八名），其他學校則名列亞洲前百大。

2 危機，就是施展創意的轉機

一九四七年，英國向聯合國提議，將巴勒斯坦地區分為猶太國家和阿拉伯國家，並且分割聖地耶路撒冷。

於是，根據聯合國大會的決議，以色列在一九四八年五月十四日星期五，正式獨立建國，當時的人口為八萬六千人。當天，本－古里昂在特拉維夫藝術博物館宣讀了《以色列獨立宣言》。

「到那日，我必建立大衛倒塌的帳幕，堵住其中的破口，把那破壞的建立起來，重新修造，像古時一樣……我要將他們栽於本地，他們不再從我所賜給他們的地上拔出來。這是耶和華——你的神說的。」

一九四八年五月十四日，本－古里昂宣讀《阿摩司書》第九章第十一節到第十五節的同時，以色列正式獨立了。自從西元前六三年滅亡後，時隔兩千零一十一年再次建國，簡直是個奇蹟。

但是，他們只享受了短暫的喜悅。以色列宣布建國當晚，埃及的戰機轟炸了以色列。隔日，由埃及、約旦、敘利亞、黎巴嫩和伊拉克五國組成的阿拉伯聯軍開始進攻以色列，阿拉伯地區頓時陷入戰爭狀態。當時，以色列的北邊有黎巴嫩和敘利亞，東邊有約旦和伊拉克，南邊有埃及。再怎麼看，以色列似乎都命在旦夕。

然而，以色列奇蹟般的生存了下來。戰爭初期，以色列派出約兩萬七千名的正規軍、約九萬名的移民預備軍投入殊死戰，連女性也不例外，而居住在國外的猶太人也紛紛參戰，以保護新生的祖國。經過二十多天的戰鬥，猶太人成功的守護了時隔兩千多年、好不容易重建的國家。

一九四八年六月十一日，在瑞典的調停下，雙方達成停戰協議。期間，以色列軍隊接受美國的支援，轉變為一支現代化的軍隊。

接著，在將軍摩西・戴陽（Moshe Dayan）的指揮下，轟炸埃及開羅、約旦安曼和敘利亞大馬士革，使阿拉伯聯軍投降。隔年二月，戰爭結束時，以色列取得比聯合國大會決議時還要多五〇%的領土。

在這場戰爭中，有八十萬多名阿拉伯人被趕出家園，世人稱之為巴勒斯坦人。相對之下，該年年底，有三十四萬名猶太人移民過來；到了一九五一年底，又增加三十四・五萬名移民，使猶太人口翻倍成長，其中大多來自阿拉伯國家。[28]

孤立無援時，用創意自救

當法國政府發現他們的武器出現在中東戰爭中時，震驚不已。可見，過去有大量的武器在法國政府毫不知情的情況下流入以色列。於是，法國政府立即宣布，對以色列實施武器禁運。此後，以色列一邊向美國請求支援武器、一邊加速自行研發，以減少對美國的依賴。然而，美國也拒絕向以色列提供主要武器。從那時起，以色列便賭上整個國家的命運，全力發展國防工業。不僅調整所有體制，也將軍事組織打造為尖端技術研發編制。

首先，以色列軍隊在一九五二年建立了情報部隊，並且召集在獨立運動期間，祕密製造武器的軍工廠工程師與世界各地的猶太科學家，成立先前提到的以色列軍事工業。從一九五四年製造烏茲衝鋒槍起，開始生產與供應多種武器。此後，以色列的工業化便隨著國防工業的發展而同步進行。

以色列軍事工業所生產的武器中，著名的有加利爾步槍、梅卡瓦坦克及遙控無人迷你飛機。後者使用GPS系統，能夠遠端遙控，還能放在背包中。

以色列航太工業（Israel Aerospace Industries，簡稱IAI）於一九五三年成立，而在六年內，以色列便開始自製飛機。其生產的第一架飛機仿照法國的富加（Fouga）教練機，之後他們也生產運輸機。

一個剛獨立不久的國家，能夠擁有如此強大的國防工業技術與製品，必須歸功於在建國前成立的以色列理工學院與魏茨曼科學研究所，兩校培育出許多優秀的科學家與工程師。

以色列擁有五十二架屬於輕型飛機的富加教練機。以色列空軍的規模小，並不需要那麼多架教練機。但是以色列缺乏資金，因此，擁有許多價格低廉的教練機，不僅能夠用於訓練，還能夠在緊急時刻投入戰場。

而且，他們改良了其中二十架飛機，可以裝上兩支機關槍，並在機翼裝設兩枚小型炸彈或十二枚火箭彈，以利實戰。這在第三次中東戰爭期間，大大的派上了用場。

戰爭的勝利，取決於制空權

一九五二年七月，埃及上校賈邁．阿布杜拉．納瑟（Gamal Abdel Nasser）發動政變，推翻國王並成為最高領導人，採行親蘇聯政策。由於美國與英國拒絕援助修建亞斯文水壩，納瑟決定將蘇伊士運河國有化，強占蘇伊士運河，進而引發戰爭。

利益受損的英法兩國雙雙發動反擊，動員空軍轟炸蘇

▲以色列軍隊改良了富加教練機，以便在緊急時刻投入戰場。

伊士運河。以色列也加入同盟，進攻西奈半島，占領了蘇伊士運河。為了避免擴大為世界大戰，美蘇兩國紛紛施壓。最後聯合國介入，三國的軍隊撤兵，戰爭才告終。

後來，由於美國拒絕支援主要武器，以色列決定發展自主國防。一九五九年，以色列科學兵團研發出第一枚空對空飛彈，為戰機在飛行途中能夠發射的飛彈。之後，科學兵團轉變為「拉斐爾先進防禦系統公司」（Rafael Advanced Defense Systems Ltd.），是專門製造與輸出飛彈的國有公司。

一九六〇年代中期，拉斐爾與民間公司合作，開始將飛彈製造技術應用於電腦。於是，全球最先進的主動雷達導引（按：飛彈利用雷達訊號作為歸向訊號來源的一種導引方式）、加密系統，以及能夠駭入伊朗核設施的技術一一誕生。

此外，飛彈製造技術也能應用於高科技產業的各個領域。例如，以色列癌症治療機構加利爾（Galil Medical），研發出能以細針快速完成前列腺癌手術的醫療產品，其核心技術即源自飛彈發射後，須急速冷卻發射臺的技術。

以色列認為，戰爭的勝利與否，取決於是否掌握了制空權，因此，他們不斷擴大空軍的規模，並成功研發出美國拒絕支援的慣性導航系統（按：常用在飛機、潛艦、飛彈上的輔助導向系統）、具大容量的電腦及太空火箭。以色列自製的戰機、飛彈和衛星，水準堪稱世界第一。

爆發六日戰爭，喪失大國信任

一九六七年爆發的六日戰爭（第三次中東戰爭）是一九六〇年代最戲劇性的事件。第二次中東戰爭後，阿拉伯人從一九六四年左右起，以敘利亞為根據地，展開游擊戰，開始轟炸在戈蘭高地非法建造的猶太人定居點。一九六七年四月，以色列對敘利亞發動大規模攻擊，於是，埃及總統納瑟派出大批部隊進軍西奈半島，並且宣布封鎖阿卡巴灣。

六月五日上午，以色列的空軍投入作戰，戰機繞過地中海，通過利比亞沙漠上空，躲過埃及嚴密的雷達網後，襲擊開羅，一天就摧毀埃及共四百一十架戰機，其中包含九十架米格-21戰機（MiG-21），使埃及空軍接近覆滅。

接著，戰事逐漸擴大至敘利亞和約旦，演變為全面戰爭。翌日，以色列空軍摧毀敘利亞、約旦和伊拉克共四百一十六架戰機，使阿拉伯國家的空軍完全癱瘓。

以色列軍隊憑著壓倒性的優勢，四天內便占領了西奈半島，攻下約旦河西岸及敘利亞邊界的戈蘭高地。六月九日，雙方接受聯合國安理會於六月六日發出的立即停火決議，宣告停戰。

這場六日戰爭，讓以色列占領了約旦河西岸的巴勒斯坦地區，與原本由埃及統治的加薩走廊，而耶路撒冷的阿拉伯區與猶太區也合併為一。部分占領地區裡，開始出現新的猶太人定居點，從此成為一項政治問題。

六日戰爭也改變了以色列周圍的國際情勢。以色列雖然在這場戰爭中發動奇襲而大獲全勝，卻失去了自納粹大屠殺以來所獲得的同情與國際信任。而且，英法兩國擔憂這場勝利會破壞中東的軍事平衡，對以色列實施武器禁運，而美國也無法提供明顯的援助。

第四次中東戰爭，以色列地面戰失利

一九七三年十月六日，埃及和敘利亞分別在蘇伊士運河與戈蘭高地兩個戰線上，對以色列發動突襲。當天是猶太人的「贖罪日」（Yom Kippur），所有人都必須暫停工作，為了過往的罪，向上帝祈禱與請求寬恕。

以色列在建國後的三場戰爭中都獲得了勝利，但這場戰爭從一開始就不同。埃及總統薩達特決定奪回在六日戰爭中失去的領土，不斷的為戰爭作準備。除了大行軍事改革，他還加強了反坦克武器和防空飛彈系統。此外，開戰的十月六日是對猶太人而言最重要的贖罪日，許多以色列士兵都會離開軍營，是最適合發動突擊的日子。

埃及動員了七十五萬人、三萬兩千輛坦克和蘇聯製飛彈，以強大的兵力攻擊以色列。當時，以色列的兵力不及埃及的三分之一，武力也不及埃及的一半，處於絕對的劣勢。

以色列軍隊被突襲後，出現大量死傷，在戰爭初期面臨慘重損失。以色列所占領的戈蘭高地及自詡媲美馬奇諾防線的西奈半島巴列夫防線，在阿拉伯軍的攻擊下皆被徹底突破。而在上次戰爭中表現出色的以色列戰車部隊，面臨埃及軍的飛彈攻擊和反坦克武器，也頓時失利。開戰四十八小時內，以色列就有十七旅的軍隊被摧毀。

美國為此心急如焚，於是展開多達五千五百六十六次的空中運補行動，將軍需物資送到四面楚歌的以色列。

以色列軍方高層認為，同時開闢兩條戰線是毫無勝算的，便決定先攻擊戰力較弱的敘利亞軍，接著再對抗埃及軍。開戰六天後，以色列軍隊對敘利亞軍隊發動全面反攻，在戈蘭高地摧毀敵軍八百六十七輛坦克和三千多輛車，擊敗了敘利亞軍隊。以色列軍隊隨後前進西奈半島，於十月十六日渡過蘇伊士運河，占領蘇伊士市。

十月二十五日，聯合國決定緊急派遣聯合國部隊，二十八日抵達蘇伊士運河，結束第四次中東戰爭。這場戰爭中，蘇聯向阿拉伯國家援助共三十五億美元，美國則向以色列援助共二十二億美元。

歷經四次中東戰爭，以色列的國防工業突飛猛進。尤其，當法國從六日戰爭第二年起停止援助，以色列航太工業便開始自製鷹式

▲ 1970年代稱霸中東的幼獅戰機。

戰鬥機（Nesher），並於一九七一年投入實戰；更在一九七五年製造出改良過的幼獅戰鬥機（Kfir），兩者成為以色列空軍的核心。

其中，在F-15及F-16鷹式戰鬥機出現之前，以色列自製的幼獅戰鬥機，可說是稱霸中東的傳奇機種。

第四次中東戰爭後，以色列國防工業開始專注於發展空中偵察、雷達、飛彈及情報通訊技術，以利事先察覺敵人的攻擊並做出反應。以色列的國防與航太工業，二〇一〇年的營收約為九十六億美元，二〇一三年有一百五十多間航太相關企業。

創業精神，來自軍隊

第四次中東戰爭結束後，以色列意識到，地面部隊和坦克已經沒有多大的用處，因此，開始專注於研發可用電腦控制的先進武器。為此，軟體方面的競爭力必不可少，所以，以色列將軍隊核心組織聚焦於軟體開發與人才培育，同時暗中加速核武器的發展。

於是，以色列軍隊事先為本國培育出許多電腦產業的人才，其起點是以色列國防軍計算和資訊系統中心「馬倫」（Mamram）。馬倫不僅是軍隊，亦下分組織，許多馬倫出身的人都在高科技產業中擔任重要角色。

說到這裡，就不可不提到在以色列通訊技術與網路安全領域中，舉足輕重的「八二〇〇部隊」（Unit 8200），其希伯來文「Shmonae-Matayim」意指數字「8-200」，因此俗稱八二〇〇部隊，是以色列軍隊的情報單位，相當於美國的國家安全局。

八二〇〇部隊起源於一九五二年，以色列情報單位中一個負責研發技術的部門，而目前正引領著以色列高科技產業的發展。有關這個部隊的一切被視為國家機密，因此外界所知不多。但是，對於關注以色列高科技產業的外國投資者和企業而言，八二〇〇部隊赫赫有名。據說，在通訊、安全、加密和數據處理的領域裡，如果有一名技術研發人員想要尋找投資者，只要在履歷中提到自己曾服役於八二〇〇部隊，便會格外獲得青睞。

在一九九〇年代後期，以色列出現許多因研發出新技術，而獲得大量財富的年輕創業者，其中很多人都出身於八二〇〇部隊。因此，以色列應召入伍的士兵紛紛以加入情報部隊為志，近年甚至有越來越多已經退伍的人願意再次入伍，以求加入情報部隊。

以色列公民會在高中畢業後入伍，退伍後進入大學。但是，八二〇〇部隊的成員可以在服役期間，同時於軍隊指定的大學內接受四年教育。而如果在大學主修密碼學相關學科，便會在部隊的同一領域繼續研發四年。

在此期間，如果研發出新技術，不僅能夠申請專利，也能夠以此為基礎，展開自己的事業。八二〇〇部隊是以色列的高三學生最渴望進入的單位，競爭非常激烈。

以色列軍隊能使上千個高科技新創公司誕生，絕非偶然。因為，在部隊裡經歷兩到三年的嚴格訓練及自我開發後，就能擁有比世界各地的同齡人多上好幾倍的經驗，並且成為經歷磨練、善盡責任的個體。

以色列士兵無論面臨任何危機，都得自行解決問題。不過，令人意外的是，以色列士兵並沒有標準化的規範能遵守，因為，他們早已被訓練得擅長自行試驗並獲得解答。以色列之所以擁有許多新創公司，就是建築於這樣的基礎上。[29]

不靠美國老大，以色列成為國防工業出口大國

以色列航太工業不僅生產戰機，它是以色列規模最大的高科技公司，生產各種先進的軍事及民用設備，例如民航機、飛彈系統、人造衛星，以及使用電子和雷達的戰鬥系統。

以色列航太工業就占了以色列國防產品出口的一半以上，更於一九八八年成功發射第一顆人造衛星。以色列這個小國之所以擁有發射人造衛星的先進技術，都要歸功於國防工業的技術在產界與學界的完美結合。之後，以色列航空工業成功發射軍用偵查衛星「地平線」（Ofeq），以及AMOS系列通信衛星，躋身世界八大人造衛星發射國家之一。

美國每年向以色列提供十四億美元的援助，主要用來讓以色列向美國國防工業業者購

買武器。目前，美國是以色列唯一的武器及技術提供者，但這一點不斷的被美國用來當成對以色列施壓的手段。

例如，尼克森（Richard Nixon）總統在贖罪日戰爭期間要求以色列停火；卡特（Jimmy Carter）總統在一九八一年以色列攻擊伊拉克核子反應爐時，對以色列實施禁運；雷根（Ronald Reagan）總統在黎巴嫩綁架事件時，也對以色列實施禁運。因此，以色列更加確立了發展自主國防的決心。

以色列的國防工業不斷在成長，在培育國防工業和出口武器方面遙遙領先韓國，不但獨立生產武器（從先進的衝鋒槍到飛彈防禦系統都有），也很早開始研發核武器。二〇一〇年，以色列的國防工業總營收上達九十六億美元，其中，出口額為七十二億美元，占全體的七五％。

以色列的武器在全球的市場上具有相當的競爭力，目前在無人機（按：無須駕駛，可配備高性能彈頭，能快速衝向目標並自毀，具備攻擊機的性能）和防空飛彈方面更是擁有一流的技術。二〇一二年十一月，以色列空襲巴勒斯坦武裝團體哈馬斯（Hamas）的領導人艾哈邁德・賈巴里（Ahmed Jabari）的座車，作戰中便使用了無人機。隨著無人機在美國的反恐戰爭中越來越常被使用，以色列的國防工業已成為最受關注的出口行業之一。

以色列目前向印度、土耳其、新加坡等國出口感測器、飛彈、飛機和裝甲設備。除此之外，韓國正在部署的飛彈防禦系統主軸之一，青松雷達系統（EL/M-2080S Super Green Pine），還有為了精準擊中北韓的海岸炮而引進的拉斐爾長釘反戰車飛彈（Spike），皆為以色列所產。[30]

成為精英的方法：不斷提出策略

以色列的高科技產業之所以成功，原因在於將國防與科技人才培育兩者結合。以色列公民無論男女，在入伍的前一年，也就是高中二年級開始，就必須到新兵中心報到，接受適性、能力、身體及心理檢查，並在面試過程中依照等級選擇自己可以前往的部隊。

其中，在身體、個性及學習能力方面符合條件的人，將獲得參加精英部門考試的資格。以八二〇〇部隊為例，競爭率通常為十比一，第一階段篩選出四百人，接著再進行六個月的間歇測試，最後選出二十人。他們將經過二十個月的培訓，接受最頂尖的科技教育，並成為專業人員。

以色列的求職網上，經常可見「八二〇〇部隊出身尤佳」的條件。由於八二〇〇部隊屬於情報單位，因此，網路安全更是該部隊的強項。以色列的許多精英部隊，都是由通過嚴格選拔、高強度訓練及擁有出色能力的畢業生所組成。

不過，有一個名為「泰培歐」（Talpiot）的部隊，比八二〇〇部隊更進階，其希伯來文原意為「精英中的精英」。這是最難進入的部隊，服役時間也最長，每年都會透過多輪測驗，從應屆畢業的一萬名資優高中生之中選出前五十名。他們經過斯巴達式的訓練並完成大學教育後，將在先進軍事技術部隊中擔任軍官，服役六年。

泰培歐部隊的新兵需接受為期六個月、從上午八點到晚上十點的高強度訓練。期間，他們必須不斷的提出戰略與戰術，學會如何解決各個領域的問題。訓練結束時，新兵將蛻變為優秀人才，即使身處時間、資訊和物資都不足的軍隊環境裡，也能夠在當下迅速掌握技術方面的問題並找出解決方案。

接著，他們會被送往希伯來大學，住在空軍部隊裡，學習數學、物理學並修習電腦工程學。通常，他們一年內會完成數學和物理學的課程，且必須在兩年半到三年內修畢所有課程。之後還必須服役至少六年，等於總共要待在軍隊超過九年。但即便如此，競爭依然十分激烈。

以色列軍隊會對新兵進行非常深入的教育，包含資訊科技、電腦、網路等先進技術研發業務，及組織管理專門知識。結束後，他們將被分派到情報部隊，接受從電腦維修到軍事情報蒐集等各類型任務。從泰培歐部隊結訓的新兵大多會被派往空軍所管轄的電腦部隊「Mamdas」，該部隊以研發全球最高水準的軍事軟體而聞名。

泰培歐部隊由以色列國防研究院管轄。部隊成員完成超精英培訓後，將獲得「泰培歐人」的榮譽。擁有這項榮譽，不僅在部隊裡，退伍後回到社會，也會被公認為超級精英。過去三十年來，有七百多名泰培歐人接連成為以色列最頂尖的大學教授與成功的企業家，將自己的才能與財富回饋給社會。以色列新創企業家之中，有八〇％都出自泰培歐部隊。因此，在以色列，服役時間越長的特殊部隊，越受歡迎。因為，服役期越長，就越有可能成為成功的新創企業家。

泰培歐部隊起初為軍事現代化戰略的其中一環，現在已成為國家新創育成政策中的重點項目。韓國也有許多優秀人才正在軍中服役，且在新創領域格外突出。因此，政府與民間企業應該將以色列的泰培歐部隊當作標竿。

重點人才的培育至關重要。現在不培育十年後將成長為三星電子或現代汽車等大型企業的新創公司，韓國未來可能就會像日本那樣，陷入低成長的窘境之中。

在哪個部隊服役過，比學歷更重要

從學生到上班族都在使用的隨身碟，也是以色列軍官所研發出來的產品。達夫．莫蘭（Dov Moran）發明隨身碟並自行成立公司後，出售專利權與股票，讓所有員工都成了巨富。在二〇〇一年發明的隨身碟，後來被晟碟公司（SanDisk）以十六億美元的價格收購。

以色列軍官也扮演著引領軍中後輩的角色。在以色列，在軍隊服役三年加上二十年的預備役，是形成商業人脈的重要基礎。換言之，最重要的不是你從哪所學校畢業，而是你在哪個部隊服役過。

在以色列，除了商場上的許多大企業執行長之外，歷年來也有多位總理出身自泰培歐部隊。由於該部隊實施精英教育，因此培育出許多有能力領導國家的人才。因此，比起「要上哪所大學」，以色列高中生更重視思考「要去哪個部隊」，因為在部隊裡有機會發展自己的才能。入伍服役是讓自己接受出社會所需教育的絕佳機會。

事實上，以色列的創業精神之基礎，就是來自軍隊。許多以色列的新創技術都誕生自將軍事技術應用於私人企業的過程中。

二〇一九年，韓國的整體失業率約為三．八％；但，青年失業率卻是八．九％，為整體失業率的兩倍以上；大學畢業生的失業率，則是青年失業率的四倍以上（按：於二〇一九年，臺灣的整體失業率為三．七％，青年失業率為九．二％，大學畢業生失業率則為五．三％）。這就是為什麼，以色列的青年創業環境值得我們效法。[31]

3 創業者占比最高的國家，正是以色列

自從以色列政府積極實施振興政策，以色列企業便開始在國際舞臺上嶄露頭角。以色列政府在一九八四年通過《企業研發推動法》，讓符合標準的高科技企業可長期獲得多項財政補助，並且首度確立「新創公司」的概念，承認這類新型企業的必要性。根據該法，中堅企業最多只能獲得研發費用五〇%的補助，但新創企業最多可獲得研發費用六六%的補助。

蘇聯解體後，一年就有數十萬名猶太人自該地移民到以色列。以色列在一九九〇年至一九九九年間，共有一百零五萬名移民，主要都來自前蘇聯。二十世紀末，以色列人口突破六百三十萬，其中七八%為猶太人，二二%為巴勒斯坦人，而猶太人中五分之一都來自前蘇聯，其中包含許多傑出的科學家與高級工程師。

以色列政府的當務之急，是要為他們創造就業機會。因此，政府規畫出能創造工作機會的新制度，讓他們能夠像在蘇聯的時候一樣持續研發，並幫助他們將新技術商業化。

其中一個制度，就是一九九一年實施的「新創育成中心」（Technical Incubator）計畫，該計畫允許移民科學家在以色列繼續從事研究工作；只要研究計畫通過審查，兩年內共可獲

得二十多萬美元的研究經費補助，以及更多研究資源和行政方面的支援。這代表，只要帶著具有商業價值的好點子，就有機會展開產品研發及事業。

新創育成中心目前已投資六億美元，幫助一千兩百間新創公司成立，讓新創企業的成功率提升至五〇%，使以色列得以成為新創大國。以色列原有二十三間這樣的育成中心，如今增為三十多間，大多為私人經營，最近則開始出現專門協助特定領域（例如生物技術）的育成中心。

以色列的每所大學都設有育成中心。其中，具代表性的案例有特拉維夫大學的拉蒙特技轉公司（Ramot），以及魏茨曼科學研究所的耶達技轉公司。當一個研究團隊成立自己的公司後，他們可以與私人的育成中心合作，否則就必須與大學的育成中心合作。

耶達成立於一九五九年，擁有豐富的人力資源，包含兩百六十名教授與八百五十名科學家及工程師，是美國境外擁有最多藥物專利的研究中心。

培育創投業，要懂得提供誘因

由於內需市場規模有限，以色列的新創公司必須從初創時期起就採用全球性的策略。但新創公司的獲利模式尚未穩定，不容易從一開始就全球化。因此，一九九三年，以色列政府抱著必死的決心，成立「優茲瑪基金」（Yozma）。

希伯來文「Yozma」意為「創意、創業」。優茲瑪基金是以色列政府以一億美元所創建，其中的八千萬美元用來向十個民間創投業者提供資金，其餘的兩千萬美元則由政府直接投資。

由於政府提供了許多誘因，像低貸款利率與豐厚的版稅等，此項政策成功吸引到國際企業及資金的湧入。其中，來自美國猶太人的支持更是源源不絕。透過這種方式，以色列的許多新創公司不僅獲得海外資金，也同時學習到國際企業的專業行銷與管理技術，因而迅速成長。

優茲瑪基金與美國、歐洲及亞洲的創投公司、金融機構及大型企業，共同成立了許多合資基金。舉例來說，一個兩千至三千萬美元的合資基金中，通常優茲瑪基金所出的金額會占六分之一，也就是五百萬美元左右，其餘則由外國的金融機構負責。

優茲瑪基金投資一間公司時，若成功將該公司的技術商業化，便會以其收益來回收資金，而不另訂還款條件；反之，若失敗，讓所持股票的價格下跌，就會造成虧損。也就是說，優茲瑪基金是以認購股份的方式來提供資金，當目標企業成功，則出售所持股份來回收資金；若目標企業倒閉，則血本無歸。

像優茲瑪基金這樣的政府創投基金，成立目標在於吸引國際投資者，以促進高科技產業的成長及活化創投業。換言之，目標是透過活化來形成創投業發展必需的資本市場，進而幫助新創公司籌募資金。因此，他們會先尋找海外的策略合作夥伴，鼓勵他們在以色列建立分公司。如此一來，將可以預先創造出有利於產業活化的商業網路。

優茲瑪基金啟動四年，便將以色列國內的創投規模擴大至八億美元，並且向兩百間以上的新創公司提供資金支持。而當以色列的技術逐漸獲得全球認可，外國投資者也紛紛湧入時，以色列政府在一九九八年，很迅速的將優茲瑪基金民營化。以色列政府透過優茲瑪基金吸引資金、培育創投業，被公認為全球最成功的案例。

創造良性循環，緊追美國之後

成立於一九九三年，由政府與民間企業合作、以一億美元創建的優茲瑪基金，到了二〇一三年，資本額已成長至四十億美元，提供資金給上百間新創公司。

在一九九一年，以色列僅有一間創投公司，而在優茲瑪基金成功後，現在竟有超過七十間創投公司（按：截至二〇二〇年，以色列擁有四百三十間創投公司，臺灣有兩百五十間，韓國則有一百六十五間）。他們每年提供十至二十億美元給新創公司，使以色列的人均創投資金達美國的二・五倍及歐洲的八十倍（按：截至二〇一八年，以色列的人均創投資金為六百七十四美元，為美國的兩倍）。

創投業生態系形成之後，出現了重大變化：接受創投而成功的年輕企業家又會去投資其他的新創公司，促成更多的新創企業家誕生。相同的過程一再重複之下，創投資金便成長到天文數字。由於資金充裕，以色列年輕人只要有任何新點子，都有機會得到創投資金。這是過去十年來，優茲瑪基金向創投業投資一百五十億美元的結果。

由於政府帶頭扶植及成功案例的鼓舞，如今，以色列民間有四十五個創投基金正在積極運作中。若也計入天使投資者（angel investor，類似創投公司，但投資者非公司，而是個人），以色列的創投基金占GDP比例竟是韓國的十倍（按：截至二〇二〇年，以色列的創投基金占GDP百分比最高，為二％，相較韓國為〇．三％，臺灣則為〇．〇五到〇．一％）。

在美國那斯達克上市的以色列創投公司多達一百間以上，目前以色列創投業的規模亦為全球第二大，僅次於美國。

韓國現在必須盡快擴大包含天使投資者在內的創投業規模。不過，問題在於回收資金的市場。在矽谷猶太人的積極協助之下，以色列能夠從美國的那斯達克和併購（M&A）市場中回收資金。但是韓國的科斯達克市場（按：韓國的創業板市場）正在萎縮，而併購市場尚未形成。

投資或併購以色列企業的「Buy Israel」熱潮正呈現爆炸性的成長，每年都刷新紀錄。對以色列的外商直接投資額，從二〇〇九年的四十四億美元，二〇一〇年增加到五十二億美元，二〇一一年則暴增至一百一十四億美元。

全球金融風暴後，各國經濟紛紛呈現負成長，以色列卻大放異彩。二〇〇九年全球經濟平均成長率為負〇．七%，以色列卻是人均所得三萬美元以上的已開發國家中，唯一以〇．八%的成長率呈現正成長的國家。二〇一〇年，以色列的經濟成長率飆升至四．七%左右，二〇一一年與二〇一二年分別成長三．三%及三．一%，超過所有的已開發國家。

尤其，環球金融危機爆發後的二〇〇九年到二〇一二年間，以色列的經濟成長率高達一四．七%，展現出創投的力量。

連在全球經濟不景氣的情況下，因抱持悲觀看法而被稱作「末日博士」的魯里埃爾．魯比尼（Nouriel Roubini）教授，亦大力讚賞以色列：「如今，全球最強大的經濟體是以色列，其貨幣、財政政策及商業發展環境皆為全球第一。」

以色列是先進技術大國，不僅在資訊技術方面，在生物技術方面亦具備國際競爭力。以色列有八千五百間高科技新創公司，大多集中在特拉維夫附近的海爾茲利亞市，被譽為以色列的矽谷。在以色列，經常可以看到寫著趣味語句「美國別擔心，以色列正緊追在後」（America don't worry, Israel is behind you.）的T恤，由此可看出以色列人的自信。

培育創意的首席科學家辦公室

以色列副總理辦公室之下設有國家最高科學技術團隊——首席科學家辦公室（Office of the Chief Scientist，簡稱 OCS），負責擬定知識產業的育成政策。除了行政人員，OCS 主要由一百五十多名理工科博士等外部專家所組成，強調獨立性與專業性。

他們並非純粹擔任顧問，而必須制定出具體的行動計畫，起草法案並施行，是科學技術的專門行政機構。此外，幾乎所有與經濟相關的行政部門都設有 OCS，負責指導所屬行政部門的技術研發政策，代表了以色列政府對研發的強烈決心。

以色列所打造的創業基礎，大致可分為「**創投的全球化**」與「**培育新創育成中心系統**」這兩點。育成中心為 OCS 所主導，每年預算約為一百億美元，透過選定的三十間育成中心，向新創公司提供資金支援。簡單來說，**OCS 負責選出有前途的幼苗並使其更加茁壯。**

新創公司的創業初期，OCS 會擔任主導的角色，選出能夠稱霸全球市場的先進技術，以及能夠將其產品化的生產公司，為了使其日後發展為全球公司，OCS 負責牽線、先行為新創公司奠定基礎。

OCS-Office of the Chief Scientist
MINISTRY OF ECONOMY

▲ 支持以色列新創公司的首席科學家辦公室。

在政府的支持下，通過初期成長階段的以色列高科技公司開始壯大，獲得擁有全球強大資本實力的美國猶太人創投基金的資助，展開系統性的成長，正式發展為跨國企業。以色列高科技公司能夠達成全球化，可以說是歸功於擁有市場思維之政府的支持，及有強大資本的外國民間基金的完美結合。

有公家企業當靠山，農業社會變專利王國

OCS不斷部署超前時代的策略。一九六〇年代前，以色列還是個以農業為主的國家。為了突破沙漠農業（按：詳見第二二八頁）所帶來的局限，一九七〇年代初期，OCS在工業貿易勞工部之下設立「創新科技辦公室」（Israel NEWTech），全力培育海水淡化技術，並獲得全球專利。

創新科技辦公室，是以色列政府為了積極應對氣候變遷等全球議題而設立的指揮單位，以解決因為地理位置而產生的缺水問題，以及振興海水淡化等與水相關的事業。

一九八〇年代，因應中東國家所引發的石油危機，OCS預測，核能發電將在未來成為趨勢，因此預先研發了核能發電所需的安全技術。他們想到，雖然在〇．一秒內爆炸的核能會成為核子武器，但如果使其在兩年內緩慢的爆炸，就能作為發電廠使用。於是，他們研發

出核能發電所需的安全技術，而目前許多相關專利都為以色列所有。

一九九〇年代，OCS鼓勵新創，進而主導了全球的知識產業。後來研發出網路安全技術後，更征服了各國的網路交易平臺。二〇〇〇年以後，則引領著生技科學的發展。由此可見，OCS一直扮演著設想周全的領導者角色，不斷以十年為單位來制定搶先策略，事先預測十年後的發展並預作準備。

即使到了現在，以色列在海水淡化栽培、核能發電、網路交易平臺及生技科學領域的領先程度，依然超乎我們的想像，若不使用他們的專利，幾乎就無法推行事業。

此外，就像韓國電力公社會去投資與電力相關的新創公司一樣，以色列的公家企業也會去投資相關領域的中小企業。這樣做的優勢在於，公家企業非常了解相關領域，因此能妥善選出具有優秀想法的新創公司，並且持續提供支援，助其獲得成功。

例如，以色列的國家水務公司 Mekorot 轄下的部門 WaTech，就投資了約二十間與水相關的新創公司。WaTech 會遴選出要支援的新創公司，並以WaTech的名義將新創公司的產品出口到世界各地，獲得的利潤則回饋給新創公司。

公家企業考量到新創公司很難在創業初期直接進軍全球市場，因而制定了這樣的支持性策略。此外，Mekorot 亦與希伯來大學、以色列理工學院及本-古里昂大學合作，支持大學內的新創公司。

地表最強防火牆，以色列出品

談到以色列的高科技公司，分別有兩間常被提及：一間是於一九九五年，最早研發出網路電話的 VocalTec，另一間則是在資安市場中，市占率達四〇%的 Check Point。

猶太人吉爾・史威德（Gil Shwed）根據自己在軍中從事相關業務時得到的想法，創立了 Check Point。Check Point 成立於一九九三年，最早以能夠阻擋病毒、惡意軟體、駭客的防火牆起家。

史威德和兩名朋友起初在自家公寓裡創業，包含老闆在內，僅有三名員工。他們帶著當時研發出的防火牆，成功將商品賣給世界級軟體公司昇陽電腦（Sun Microsystems，已於二〇〇九年被甲骨文公司收購），並開始引起美國市場的關注。

Check Point 成立三年後，便在那斯達克上市，並為包含美國前五百大公司在內的全球二十五萬個網站安裝防火牆，席捲了全球市場。二〇〇〇年，網際網路泡沫達到最高點時，其股票市值超過三百億美元，創辦人史威德的個人財產則超過十億美元，被譽為「以色列的比爾・蓋茲」。二〇一二年，Check Point 的年度營收成長至十三億四千二百七十萬美元，營業利潤率高達六〇%，客戶多達一萬五千名。

一九八六年，史威德高中剛畢業，準備入伍時，被選入八二〇〇部隊（按：詳見第二四六頁）擔任電腦人員，任務是將軍方內部的電腦網路互相連結起來，僅允許特定人士存取機密資料，其他人則無法。史威德進行這項工作長達四年，而這個職位，使他退伍後成為了企業家。

一九九〇年退伍後，他立即投入資安產業。當時，人們對於網路的認識還不夠深，很少人重視網路安全。但史威德準確的預測到，網路將在短短幾年後出現爆炸性的發展，而駭客等資安問題將隨之浮現，因此研發了網路防火牆。如今，任何有電腦和網路的地方都需要Check Point的防火牆，Check Point也與電信計費系統開發商Amdocs及語音通訊系統開發商Comverse Technology並列以色列的三大高科技公司。

猶太人尤其擅長資安技術，而資安也是網路非常重要的一環。若沒有資安技術，網路將難以運作，亦無法進行電子交易、內容傳播、使用串流媒體。最早出現的即時通訊軟體之一ＩＣＱ、第三方支付平臺PayPal等，猶太人的貢獻就占了八〇％。

整個國家都是好點子的遊樂場

創業者占比最高的國家，就是以色列。因為以色列具備了有利於創業的生態系，使想要創業的人能夠迅速找到投資者。截至二〇一二年，以色列共有五千多間新創公司，而且，在那斯達克上市的公司比整個歐洲大陸還要多。

以色列的新創公司並非全都集中在商業中心特拉維夫市附近，而是遍布全國各地。若說以色列這個國家就是一個龐大的研究園區，一點也不為過。例如，位於海法的以色列理工學院周邊，就設有英特爾、微軟、高通和IBM等企業的研究中心。

進駐以色列的跨國企業研究中心超過兩百六十間，幾乎所有耳熟能詳的跨國企業都已經進軍以色列。

例如，英特爾目前在以色列設有四個研究中心與兩個半導體廠；微軟在一九八九年進軍以色列，從三名員工開始，到現在已經擁有五百名以上的研究人員；IBM在以色列擁有一間規模達兩千人以上的研究中心；蘋果在二〇一二年於以色列成立半導體研究中心時，由於相關領域的優秀工程師大舉進駐，引起了當地媒體的關注。

至於韓國企業，三星電子、LG電子和浦項產業技術綜合研究所（RIST）都在以色列設立了研究中心，其中，三星電子在當地擁有一百名以上的研究人員。

大多數的跨國企業都在以色列設有研究中心，主要是由於以色列擁有許多優秀的研究人員與高水準的研究成果。

此外，在研究中心工作的部分員工也會自行創業，接受外部投資，成長後進行首次公開募股（IPO，公司透過證券交易所，首次將股票賣給一般公眾投資者的募集資金方式）或接受併購，接著進行第二或第三次創業，形成一個具良性循環的創業生態系。[32]

以色列許多具有商業頭腦的地方政府，早已打造出新創育成中心與工業園區，以吸引這類研究中心與新創公司的進駐。其中，工業園區大多不是由重工業公司使用，反倒提供企業辦公室、放置電腦及實驗設備等以進行研發。這樣的工業園區遍布全國，甚至坐落於山丘或農田之間。

以色列自一九九〇年代中期起，開始在網路及通訊領域研發出超群的技術。於是，美國電信及通訊業各大公司皆開始對以色列的高科技研發產生興趣。

腦力激盪，促成以色列最賺的交易

一九九八年夏天，以色列為了四名青年而普天同慶。因為，他們在一年又六個月內賺進了四億美元。

這四名青年包含阿里克（Arik）、賽非（Sefi）及其他兩名朋友，二十歲出頭、剛退伍的他們，是一群網路愛好者。一九九六年夏天，他們針對網路事業交換意見，探討當時已經有哪些服務和技術問世，以及哪些領域尚未被開發。

經過長時間的討論，四人總算達成共識：他們將共同開發「即時通訊」技術，並予以商業化，讓使用者能夠得知誰剛上線，以及誰已經在線上。公司名和預計開發的技術名稱，都是當場構想的。最後，他們選擇「I seek you」的諧音，「ＩＣＱ」作為技術的名稱，公司的名稱則是Mirabilis。

起初，阿里克的父親提供七十五萬美元給高中都沒畢業的兒子，當作創業資金，並擔任公司執行長，負責行銷與管理，亦可說是創始人之一。[33]

後來，四名青年成功開發出即時通訊技術，朋友上線時會自動通知，使用戶能即時聊天或通訊。一九九八年，Mirabilis以四億美元把ＩＣＱ賣給美國線上。從此，以色列的新創公司獲得了更多出售海外的機會。

二〇〇〇年五月，提供電信軟硬體設備的跨國公司朗訊科技（Lucent Technologies）以四十八億美元買下以色列的光纖網路公司Chromatis Networks，這是以色列史上金額最高的一次收購。這些交易不僅在規模上引起人們的關注，也開始讓以色列的優秀人才踏入高科技產業，而高科技產業也在軍隊和大學中成為最受歡迎的領域。

網際網路泡沫消退後，以色列將注意力轉向生技領域。若說「科技」是出自以色列理工學院，那麼，「生技」就出自於魏茨曼科學研究所。以色列在生技領域尤其具有競爭力，他們主要研發的領域包含癌症、中樞神經系統、阿茲海默症，以及帕金森氏症。

以色列獨立研發的中樞神經系統藥物在全球市場上銷售的同時，治療阿茲海默症及帕金森氏病的技術也在迅速發展中。針對生技領域的投資金額已經不同於以往，現在正大幅的上升。

醫學及生物工程領域也因此變得十分活躍。例如，以色列的 Given Imaging 公司研發出全球第一臺可放入人體的攝影機——膠囊內視鏡，讓人能在體外直接觀測到體內的器官，有效幫助醫師更加精確的診斷癌症或消化系統異常等疾病。此外，以色列的研究人員也開發出一種能夠輔助衰弱的心臟跳動的儀器，挽救更多心臟疾病患者的生命。

這些新技術是猶太人特有的創意所凝結出的成果。這都要歸功於猶太人提倡「與他人不同」，而不是「比別人更好」的教育理念。

獎勵，使資本不斷茁壯

猶太人認為，資本主義的核心在於「獎勵」（incentive）。他們擁有豐富的創意和強烈的企業家精神，在技術研發方面從不吝於給予獎勵。

亞歷山大大帝遲遲無法攻下擁有六百米高峭壁、全年都被冰雪覆蓋的索格底亞那城堡時，由於只有一人成功爬上峭壁，於是他對下屬說：「我將給每一個爬上峭壁的士兵，二十個塔蘭同硬幣。」在短短的一小時內，就有三百名士兵自願挑戰。當日，除了三十多名失足死亡的士兵之外，其餘士兵都成功爬上了結冰的峭壁。獎勵，具有驚人的力量。

只要處於資本主義的經濟體制之下，猶太人就不會吝於給予獎勵，因為像獎勵這樣的誘因，會讓資本不斷的成長茁壯。

4 愛因斯坦說：「想像力比知識更重要。」

所謂創意，就是透過想像力，創造出前所未有的事物。想像力是二十一世紀的趨勢。從字面上來看，想像力是將所想的事物「形象化」的能力。而猶太人的大腦開發，祕密即在於想像力。

縱觀歷史，猶太人幾乎在各大領域都人才輩出，尤其是在需要高度抽象思維的學術及商業領域。猶太人的抽象思考能力特別突出，原因為何？

想像力怎麼培養？相信抽象事物

猶太人是最早相信抽象事物的民族。一般人崇拜太陽、山川、公牛或其他肉眼可見的神祇時，猶太人崇拜肉眼看不見的上帝；外邦人崇拜偶像時，猶太人相信世上有著肉眼看不見的超自然存在。猶太人相信抽象的上帝，就是他們想像力的開始。

基督教認為，藉由繪畫或雕像來表示上帝的存在，是理所當然的，因此，我們經常可以看到耶穌被釘在十字架上的模樣。

但是，猶太教從來不會以人類的形態來表示上帝，因為上帝永遠是抽象而不可見的。猶太人必須不斷的練習，在無法具體化及具象化的上帝面前深刻的思考，而他們也因此開始從既抽象化又具邏輯性的角度來思考一切。

尤其，去相信一個無法用眼睛看到、卻無疑存在的上帝，對孩子而言不僅是一種智力上的強烈刺激，也是一個培養想像力的機會。透過這樣的想像力，他們能夠產生富含創意又出人意料的思維。[34]

只有孩子會思考這種問題？這才是大學問

被譽為二十世紀最偉大物理學家的愛因斯坦，同樣得益於富含創意的想像力，因而提出相對論。

他想像自己是一個移動速度等同光速的光子，且正在追逐另一個光子，並將他的所見所感，化為理論。

其實，愛因斯坦認為，他的智力發展確實如他的老師所說，比別人來得緩慢。即使年近三十歲，他依舊熱愛想像。某日，他想像自己以光速進行太空旅行，當他抵達目的地時，卻發現那就是出發的地點。因此，他將這個想法發展為「廣義相對論」，也將此次經驗稱為

「一生中最幸運的靈感」。

愛因斯坦常說：「想像力比知識更重要。」他認為，想像力是科學研究的核心所在，而且，沒有想像力就不會產生創意。愛因斯坦的相對論，正是發源自想像力。法國文化理論家保羅・維希留（Paul Virilio）也說過：「想像力是赤子之心的天堂。」

那麼，一個小時候連話都說不好的發展遲緩兒，究竟是如何成為一名改變世界的天才理論物理學家？愛因斯坦本人表示，他比其他學生更遲鈍的這個事實，反而使他成為世人眼中的天才。

愛因斯坦曾問過自己：「我是如何發現相對論的？」而他認為：「成年人通常不會去思考時空的問題，因為他們大多認為，這是只有孩子才會思考的幼稚問題。但是，我成長得比較慢，而且我長大後開始對時間和空間感到好奇。所以，我對這方面的問題能夠思考得更深入。」

所謂「學問」，就是去「問」。面對大自然的神祕，人類心中懷抱著驚奇，進而謙卑的壓低自己的姿態，提出問題，就是學問。而且，直到找出問題的答案為止，不斷的努力及等待，也是學問。

因此，我們在大學裡研習的「學問」，不是背誦和計算的能力，而是提問的能力，以及能夠堅持到最後的毅力。這，才是思考的力量。[35]

愛因斯坦只花十分鐘想出相對論，靠的是圖像思考

愛因斯坦的父親從事電器零件銷售，因此愛因斯坦從小就生活在充滿各種電器用品的環境中。當其他科學家埋首研究模糊的數學公式時，愛因斯坦早已在環境的潛移默化之下，學會以看圖像的角度看待物理定律，並培養出敏銳的直覺。這種將事物轉化為具體圖像的能力，是愛因斯坦作為物理學家的強項之一。

以語言進行思考時，因為是依照語言順序一步一步的思考，因此富含邏輯性，但若要加快思考速度，反而會受到限制。反之，以圖像進行思考的人，幾乎是以無意識的方式思考，因此思考的速度比較快，還具有敏銳的直覺與創意。

愛因斯坦日後表示，他只花了十分鐘就構想出相對論，他沒有在紙上寫下一堆數學公式、嘗試證明這個理論，而是純粹憑藉著直覺思考。相反的，他花了好幾年才成功用數學語言來描述該理論。據說，當時愛因斯坦還接受許多數學家的幫助，因為自己的數學能力不夠。他花費十分鐘就得出的靈感，卻要花上數年才能夠用語言來表達。

愛因斯坦利用想像力，將自己腦中的圖像與外在世界的廣博知識連結了起來。他的成就向世人證明：透過想像力，我們多多少少都能克服知識、教育、經驗及技能的限制。

愛因斯坦著名的相對論，可以用一個簡單的公式「$E = mc^2$」來表示。E是能量，m是

質量，c是光速。這條公式指出，無形的能量與有形的物質是相通的概念且可以互換。透過科學，愛因斯坦證明了「質能守恆且可以互相轉換」。

物質蘊藏著龐大的能量，其能量大小等於物質的質量乘以光速的平方。一公斤的物質裡，至少蘊藏著能夠煮沸一千億鍋水的能量，而這麼多的能量幾乎可以摧毀一座城市。

於是，質能等價的概念使人類的世界產生了革命性的變化。愛因斯坦的「$E = mc^2$」公式推動了核能與原子彈的發明，而他的想像力也促使人類探索宇宙、發射人造衛星，為人類文明帶來便利。想像力，造就了這些驚人的結果。

透過想像，十五歲就成為億萬富翁

Google地球（Google Earth）起源於一個想像：「假如即便沒有人造衛星，卻能像擁有人造衛星一樣，即時看見地球的每個角落，會怎麼樣呢？」Google街景服務（Google Street View）也是隨之誕生的產物。

YouTube同樣起源於日常生活中一個單純的想像。YouTube創辦人之一，陳士駿嘗試將派對上拍攝的影片上傳至網路時，想出了一個商業點子。他想像，如果每個人都可以輕鬆的將影片上傳至網路、與他人共享，會怎麼樣呢？而他找到的答案是：以使用者原創內容

（User-generated content，簡稱UGC）為主的影片網站。

谷歌注意到YouTube的成就後，於二〇〇六年十一月，以十六．五億美元的價格收購YouTube，那時，YouTube才成立兩年。

雅虎花了三百三十億韓元收購應用程式Summly，因為他們需要能夠驅動該程式的核心技術。驚人的是，該程式是由一名十六歲的英國少年尼克．達洛伊西奧（Nick D'Aloisio）所研發。他從十二歲起就自學程式設計，並研發出分析臉書帳號的應用程式Facemood及偵測音樂的應用程式Song stumbler。透過這些應用程式，他年紀輕輕就賺了三萬美元。

Summly可以將任何新聞報導濃縮成四百字的摘要，而讓達洛伊西奧研發出這款應用程式的靈感，源自學校考試。那時，他在家裡一邊研讀現代史，一邊在谷歌上搜尋有關史達林的資料，但他發現資料過於繁雜、充斥著不相關的網頁，因而感到氣憤。「我為什麼不能先預覽網頁內容的摘要呢？」這個想像，使他聯想到推特（Twitter）。他想要像推特貼文那樣，替每個網頁整理出簡短的摘要。

於是，熟習程式語言的他，研發出一款可以將新聞報導及網頁化為摘要的應用程式，而投資這個計畫的人，正是香港富翁李嘉誠。達洛伊西奧獲得一百萬美元的資金後，將內容摘要技術委託給能力更強的以色列研究人員接手研發。而經過大幅改良的Summly，在蘋果公司的App Store上獲選為二〇一三年度最佳應用程式。

消費者身兼生產者，用創意才能爽賺

導航應用程式位智（Waze）起源於一個想像：「導航程式能否不只由專業公司來建構，而是讓實際使用道路的大眾也能共同建構並互通資訊？」

位智是以色列公司Waze Mobile研發出的一款導航應用程式，由使用者共同建構。雖然其功能類似於一般以GPS為基礎的即時導航系統，但位智的道路交通資訊並非來自特定來源，而是由實際使用道路的一般大眾提供，具有GPS功能的智慧型手機使用者都可以共享道路交通資訊。

目前，全球有超過五千萬人正在使用這款應用程式，有些人會協助編輯地圖，有些人會擔任管理員，檢查其所在地區地圖的準確性。

當使用者提供最新的交通事故、活動、新的店家或建築等資訊，位智會即時呈現給其他的使用者，並且根據最新的資訊來建議移動路線。例如，某使用者提供了有關道路壅塞的資訊，位智變便會建議其他使用者避開該區域。當華盛頓州的一座橋梁坍塌、奧克拉荷馬州出現龍捲風時，位智皆能即時反映最新路況並指引繞道，因而聲名遠播。

在位智這個應用程式裡，消費者同時也是生產者，所以公司不需要有很多員工，位智設於以色列的總部僅有約一百名員工。

蘋果和臉書等企業為了強化地圖導航服務，自二〇一三年初起便試圖收購位智。據傳，蘋果開價五億美元，臉書開價十億美元，而最終由谷歌在二〇一三年六月，以十三億美元的價格完成收購。

5 融合及跨界，激盪出創意的火花

創意，並不是只關乎某個人的傑出表現。反之，創意更常從一個系統，或是融合與跨界的過程中誕生。匯集每個人的意見，共同找出更好的方案，也是創意。一個人的創意固然重要，但由許多人在一個系統中互相交流、討論所激盪出的火花，才是最可貴的創意。

猶太人之所以富含創意，必須歸功於他們特有的共同體意識，也就團結力。他們很擅長不同學科之間的跨界與融合，以及在轉職期間進行連結與合作。創意不是某些特定人士才能擁有的超自然力量，而是任何人都可以學習並精進的技能。

史蒂夫・賈伯斯（Steve Jobs）有一句名言：「創意只不過是將事物連結起來。」如他所言，創意的確經常在連結毫不相干的事物時產生。因此，與不同的領域之間進行跨界與融合，非常的重要。

透過跨界，諾伊曼推動電腦和網路的問世

有一個研究機構，大大的影響了網路的歷史，就是美國的普林斯頓高等研究院。那是

一個夢幻般的研究中心，研究人員可以做自己想做的研究，肩上無須擔負任何責任。

最早被任命為終身教授的人是愛因斯坦和約翰．馮．諾伊曼（John von Neumann），而諾依曼在網路的歷史中扮演了重要的角色。

諾伊曼出生於匈牙利，是一名猶太銀行家的長子，從小就展現出驚人的才智。六歲時，他便已懂得數學的特性及世界運轉的原理，對人文學也深感興趣，甚至能與父親討論希臘史。

諾伊曼從小便學習外語，能說七種語言。而且，由於他擁有旺盛的好奇心，他對於數學、物理學、工程學、經濟學、計算科學、氣象學、心理學、政治學等領域都有所涉獵。這種跨越學科界限的跨界式學習，使他成為一名偉大的科學家。

他在八歲時學會微積分，十二歲學會函數。某數學家花了三個月才解出來的問題，諾伊曼只靠心算便算出來，其記憶力與計算能力堪稱傳奇。他在二十二歲那年取得博士學位後，隔年成為柏林大學（按：現為柏林洪堡大學）最年輕的教授。

一九三〇年，三十歲的他應普林斯頓高等研究院之邀前往美國，成為該研究院最早的四名教授之一。此後，他一直保有普林斯頓高等研究院數學教授的身分，直至去世。

第二次世界大戰期間，諾伊曼參與了美國所主導、以研發核武器為目標的曼哈頓計畫，因為該計畫的負責人，猶太人羅伯特．歐本海默（J. Robert Oppenheimer）深知他的天才，而邀請他加入。諾伊曼因為參與了研發原子彈的過程，因緣際會的在電腦的發展史上留下重要的軌跡。

在研發原子彈的過程中，諾伊曼發現美國陸軍正在研發超大型計算機ENIAC（按：電子數值積分計算機），屬於早期的電腦，只懂得計算而沒有記憶能力。計算炸彈飛行距離、解碼等人腦難以處理的作業，ENIAC都使效率大幅提升。但是，每次要執行不同的任務時，都必須改變所有電路，研究人員要花上好幾天，重設數千個開關。因此，諾伊曼發現ENIAC存在著許多問題。

當時流傳著許多關於ENIAC的負面說法。但是，國際級數學家諾伊曼成為監督者後，事情立刻產生一百八十度的變化。就在ENIAC可能以失敗收場之際，諾伊曼讓電腦的發展起死回生，替原本只擁有計算功能的大塊頭裝上了大腦。

於是，電腦不再只是一臺能處理數字的愚笨機器，而是搖身一變成為具有邏輯性的機器。諾伊曼雖然是數學家，卻解決了連電腦工程師都無法解決的難題。

諾伊曼旋即提出革命性的概念：儲存程序電腦。在中央處理器（CPU）旁設置儲存裝置（memory）以儲存程序指令和資料，使電腦能夠依據指令，按照順序批次工作，最早的儲存程序電腦叫做EDVAC（按：離散變量自動電子計算機）。

包括現在人手一支的智慧型手機，大部分的電腦都屬於「普林斯頓架構」（按：又名

「范紐曼型架構」，依此架構設計出的計算機即為儲存程序電腦）。雖然在現代如此稀鬆平凡，但在一九四〇年代，這可說是一項革命性的發明。有了普林斯頓架構，數位技術才得以如此快速的發展。

諾伊曼在經濟學領域亦留下重大的貢獻，被譽為「博弈論之父」。一九四四年，他與奧斯卡・莫根施特恩（Oskar Morgenstern）合著的《博弈論與經濟行為》（*Theory of Games and Economic Behavior*）出版，博弈論從此被經濟學家用來解釋經濟現象，並在一九八〇年代大為發展。

由此看來，許多科學技術都是因為戰爭而誕生。第二次世界大戰為科學技術發展史帶來了極為重要的發明，也就是電腦和網路。從今日的角度來看，諾伊曼是一名跨界巨匠，精通許多不同的領域，且促成了網路時代的誕生。諾伊曼、愛因斯坦，以及資訊理論的創始人克勞德・夏農（Claude Shannon），共同被譽為二十世紀的三大天才。

生物學家用「推測」，促成疫苗的誕生

十九世紀中葉以前，人類的平均壽命不到三十歲，最大的敵人是傳染病。到了二十世紀初，即使是先進國家，人類的死因依然大多為傳染病。數百年來，人類一直相信傳染病是

空氣中的毒所引發的，只有少數人認為微生物會成為引發疾病的病菌。

法國微生物學家路易・巴斯德（Louis Pasteur）在一八六〇年代發現了這一點。而在巴斯德研究所中，有一名著名的猶太裔研究人員為疫苗的研發做出了貢獻，他的名字是梅契尼可夫（Élie Metchnikoff），是第一個發現吞噬細胞（phagocyte）並奠定免疫學基礎的人，於一九〇八年獲得諾貝爾生理學或醫學獎。

梅契尼可夫於一八四五年出生於俄羅斯南部（按：現為烏克蘭）的一個猶太家庭，從小就很喜歡書，並閱讀了大量的書籍。在哈爾科夫大學攻讀生物學的他，由於說話口氣特殊，經常落單，但他卻是一名傳奇學生。

梅契尼可夫很少上課，只在考試當天出現，卻總是獲得最高分。他是一名天才，在短短兩年內便完成大學四年的所有課程，並且透過自學，發表了數篇論文。由於博覽群書，文筆極佳，他的論文讀起來就像暢銷小說一樣有趣。他在二十二歲那年取得博士學位，三年後成為大學教授。

某日，梅契尼可夫偶然遇見了一名女子，她得知梅契尼可夫長期飽受頭痛及神經衰弱所苦，便細心的照顧他。後來，梅契尼可夫向她求婚。但是，她卻不幸染病，逐漸憔悴。梅契尼可夫選好婚禮日期時，她已經病得無法走路。但倔強的梅契尼可夫不願放棄，依然背著她舉行了婚禮。

梅契尼可夫努力挽救他生病的妻子，但不幸的是，妻子終究在五年後去世。因為失去活著的動力，梅契尼可夫一度嘗試自殺。

後來，他的第二任妻子同樣生病，最後死於傷寒，使他痛苦萬分。失去生命意志的梅契尼可夫再次有了自行了斷的想法。但他轉念一想：「好，既然我早晚都會死，我至少對醫學發展做出一點貢獻，再離開吧！我必須確認，傷寒這種疾病是否為經由血液傳染。」

於是，梅契尼可夫前往義大利西西里島研究海洋生物學。他觀察海星幼體的發育情況時，發現有一種形似變形蟲的細胞，會包圍並吞噬入侵的異物。他從已逝的妻子為聖誕節準備的玫瑰上取下一根刺，扎在海星的幼體上。接著，就像人類的手指被刺傷會流血一樣，海星身上的細胞開始將玫瑰的刺包圍起來，他稱之為吞噬細胞。

「如果海星體內的游走細胞會吞噬異物，它們一定也會吞噬有毒的微生物，保護海星免受微生物的傷害。那麼，細菌入侵人體時，白血球一定也會保護我們免受細菌的傷害。」

就這樣，梅契尼可夫聯想到了人體。他並未進行任何實驗或閱讀任何論文，便從海星的吞噬作用連結到人類疾病。此般出色的聯想，令人難以置信。

梅契尼可夫推測人體內也會發生相同的情況，因此提出「吞噬作用」理論，並將其報告給醫學界。在這個瞬間，生物學家跨入了完全陌生的醫學領域。

後來，梅契尼可夫所發現的吞噬細胞，成為了解人類如何建立免疫系統的關鍵契機，而身為生物學家的梅契尼可夫也因此躋身世界一流的科學家之列。

為了證明自己的理論，梅契尼可夫辭去奧德薩研究院的工作，在一八八八年進入巴斯德研究院就職，埋首於吞噬作用的研究。他在一八九五年成為研究院的院長，這些年下來，他對於研究的熱情從未消退。

最後，他終於證明，包含人類在內的大多數動物體內，都是由吞噬細胞構成抵抗急性感染的第一道防線。而在今日，這些吞噬細胞又被稱為白血球。

梅契尼可夫因為這項成就，在一九〇八年獲得了諾貝爾生理學或醫學獎，而吞噬作用也奠定了當今免疫學的基礎。由此可見，免疫學的開山始祖，不是醫師或醫學家，而是生物學家。

許多學者認為，微生物疾病的預防方法，是從梅契尼可夫的研究上開始萌芽的。有人甚至打趣道，像梅契尼可夫一樣，能為了人類的進步而吞下霍亂弧菌（按：一八九二年，法國流行大霍亂，他喝下霍亂弧菌，嘗試探究霍亂與人體免疫的關係；此試驗讓梅契尼可夫發現，人類的腸道中有好菌及壞菌之分）的人，應該多多出現在這個世界上。

此後，梅契尼可夫依然持續研究，並且發現了一種能夠治療當時的不治之症——梅毒的藥膏，因而變得更加出名。此外，他亦對於抗衰老的研究深感興趣。他發現，保加利亞的許多百歲人瑞經常飲用發酵乳，因此開始研究乳酸菌。他推測，乳酸菌能夠消除腸道內的有害細菌，進而防止衰老的動脈硬化。後來，含有著名的保加利亞乳桿菌的治療用藥隨之問世。

梅契尼可夫指出，保加利亞乳桿菌會產生乳酸，並且驅除具有毒性的腸道細菌。他所提出的新理論引起了廣大的迴響。

英國報社讚譽道，梅契尼可夫所著的乳酸菌論文，媲美達爾文的《物種起源》（*On the Origin of Species*）。而且，生產保加利亞乳桿菌的工廠接連建成。若說當今全球各地所銷售的優酪乳都是梅契尼可夫的功勞，一點也不為過。

多虧有梅契尼可夫這樣的跨界型科學家，人類才得以研發出許多疫苗。人類的平均壽命在一八五〇年以前只有三十歲，但梅契尼可夫出現之後，平均壽命便大幅的延長。驚人的是，人類開始透過疫苗擺脫對於傳染病的恐懼，不過是一百多年前的事。

▲免疫學的泰斗：梅契尼可夫。

區分血型，讓輸血變得可能

還有一名猶太人為免疫學做出了貢獻。今天，我們可以輸血給別人，別人也可以輸血給我們，都要感謝一九三〇年的諾貝爾生理學或醫學獎得主：卡爾・蘭德施泰納（Karl

Landsteiner）。

他發現，人類擁有可以保護身體免受外來異物侵害的蛋白質：抗體，並指出，有A抗原與B抗原兩者存在；有些人只有A抗原，有些人只有B抗原，有些人兩者都有，有些人兩者皆無。據此，可以區分出四種血型：A、B、AB和O。他進一步發現，唯有特定的血型之間能成功輸血，否則，輸入的血液會被體內的抗體視為外來異物並加以破壞，導致危險的結果。

若沒有出現如此安全的血型區分法，將有多少人因為無法成功輸血而死亡？蘭德施泰納晚年在紐約的洛克菲勒醫學研究所擔任病理學教授，為免疫學做出非常重大的貢獻。

勇於挑戰的執念，贏過二十八年的失敗

歷史上，沒有任何一種傳染病比結核病奪走更多人的生命。就連在德國海德堡出土、西元前七〇〇〇年左右的石器時代化石中，也留有結核病的痕跡。可見，從石器時代起，結核病一直是人類的天敵。

二十世紀中葉以前，結核病一直都是人人聞之色變的傳染病。最早的結核病治療用藥為鏈黴素，此藥在一九四三年，由非醫學專業、而是農業專業的猶太人瓦克斯曼研發而出。

從此，死於結核病的人數大幅降低，瓦克斯曼也因為這項成就，在一九五二年獲得諾貝爾生理學或醫學獎。此後，生物學、物理學、化學等相關學科之間的跨界與融合，成為二十世紀醫學界的新趨勢。

瓦克斯曼在一八八八年出生於俄羅斯帝國的烏克蘭，是一名專攻農業的微生物學家暨化學家。他在一九二〇年成為羅格斯大學的土壤微生物學講師，其研究始於一個信念：這個地球上存在著人眼所看不見的微小生物。而他主要的工作內容，為觀察培養管中生長的各種細菌與土壤溶液混合之後的變化。

某日，瓦克斯曼發現有一個培養管內的細菌全部死亡，因而燃起了希望。「一定是土壤中的某種微生物殺死了細菌，我要找出答案。」於是，瓦克斯曼的微生物研究如火如荼的展開。

在那之前，沒有人知道土壤中的微生物是如何殺死細菌的。但瓦克斯曼勇於挑戰，他立刻埋首研究土壤中的微生物及細菌，並發現了一種會殺死葡萄球菌與傷寒沙門氏菌的驚人物質。

瓦克斯曼對此感到無比欣喜。然而，重要的動物實驗卻失敗了，因為產生了嚴重的副作用。不過，他並未因此而氣餒，而是繼續研究土壤中的微生物，長達四年。

某日，瓦克斯曼看見研究助理艾伯特．沙茨（Albert Schatz）的培養管後，非常的訝異，因為該培養管內所有會引起腸道疾病的細菌都已死亡。他緊張的問：「怎麼會變成這樣？是放了什麼微生物進去，讓細菌都死掉了嗎？」而沙茨答道：「裡頭放了從研究室後院的土壤裡採集到的微生物。」

於是，瓦克斯曼立刻展開深入的研究。他發現，該微生物為灰色鏈黴菌（Streptomyces griseus），能夠殺死青黴素也無法殺死的細菌。瓦克斯曼及其研究團隊對於如此驚人的藥效感到驚訝不已。於是，瓦克斯曼將新藥命名為鏈黴素，可廣泛用於治療結核病、痢疾與腹瀉。瓦克斯曼在土壤裡的微生物中發現了鏈黴素，顯示出對人類有害的細菌終究也要以細菌來對抗。

在長達二十八年的失敗之後誕生、具有廣泛用途的抗生素鏈黴素，被譽為繼青黴素之後，最大的醫藥奇蹟，使人類總算擺脫對於結核病及肺炎的恐懼。

鏈黴素也開啟了抗生素誕生的黃金時期，卡納黴素、慶大黴素、妥布黴素、阿米卡星等抗生素一一問世。

這些藥物大大的延長了人類的平均壽命。例如，美國人在二十世紀初的平均壽命為四十七歲，如今為七十八歲。人類能夠增加三十多年的壽命，肯定得歸功於青黴素與鏈黴素的問世。[36]

融合不同領域，傳奇才會誕生

由英特爾創始人高登・摩爾（Gordon Moore）在一九六五年提出摩爾定律指出，晶片的密度（亦即效能）每十八個月會增為兩倍。根據這項定律，電腦的效能每五年將增為十倍，每十年增為一百倍。英特爾預測了未來的需求，充分證明了摩爾定律，不斷產出新的成果。但在過程中，英特爾遇上了一個大問題。

隨著新開發出來的晶片密度提高，嚴重的散熱問題也跟著浮現。晶片溫度如果過熱，將無法再繼續使用。一九七〇年代末，英特爾位於以色列海法的研發中心也意識到了這個困擾美國總部的問題。

一個由十名研究人員組成的專案小組，試著解決這個問題。其成員結構十分有趣、運作模式亦非常特殊，該小組由五名半導體專家加上五名非專業人員組成，而討論方式為：由專家提出專業意見，再由非專業人員提出非專業意見。

這時，一名駕駛兵出身的非專業人員提出了一個意想不到的點子。汽車裡的變速箱能夠轉換不同的轉速及扭矩，以驅動車輪，而他提議，將變速箱加入半導體中。這個由非專業人員所提

▲ 位於以色列海法的英特爾研究中心。

出的想法，催生出一九七九年英特爾的傳奇產品——Intel 8088。

以色列從加利利海海拔負兩百二十一公尺處抽水，儲存在沙漠下的岩層中，並培育出能夠在攝氏三十八度、鹽度介於海水與淡水之間的水中存活的以色列鯉魚，為德國無鱗鯉魚與以色列本地鯉魚交配後的改良品種。魚長大後可供食用，魚的排泄物則可作為有機肥料。

這樣的技術不是單一領域能夠研發出來的，而是地質學家、生物學家、化學工程師等，多個領域的研究人員同時合作，才能夠得到的成果。這是跨領域研究的一個成功案例。

韓國在一九七三年面臨糧食短缺時，向以色列農業部取得一千個魚苗。經過養殖試驗後，一九七八年起，開始在全國各地的湖泊展開大規模養殖。由於肉質帶有香氣，韓國的養殖業者稱之為「香魚」，到一九九〇年代後期之前都深受養殖業的歡迎。因為供應量很多，在付費的釣魚場也很熱門。直到一九九七年，為了保護水質，湖泊裡的箱網養殖場才逐漸消失，改為放流並自然繁殖。[37]

引領以色列高科技發展的理工人才，有七〇%出身自以色列理工學院，而在該校擔任校長十年的佩雷茨·拉維（Peretz Lavie）卻是一名醫學博士（按：拉維於二〇〇九年至二〇一九年間擔任校長，現任校長為物理學家烏里·西萬〔Uri Sivan〕）。這是不同領域之間融合及合作的一個很好的例子，也是以色列人希望透過不同學科之間的交流以達成創新的其中一種嘗試。

最成功的猶太人，都容許失敗

以色列與矽谷之間有著特殊的關係。以色列的新創公司之所以能夠成長，一部分是受益於矽谷的猶太人所構成的網路。以色列爆發戰爭時，前芝加哥市長暨白宮幕僚長拉姆・伊曼紐爾（Rahm Emanuel）甚至自願參軍，賭上性命而戰。

對於身在美國的猶太人而言，這是他們潛藏的意識與本能。只要以色列有難，他們不吝於付出任何資源與力量。從天使投資人到在那斯達克上市，美國的猶太人——尤其是矽谷的猶太人——都會不遺餘力的幫助以色列的新創公司。

矽谷最受歡迎的天使投資人羅恩・康威（Ron Conway）曾言：「想要創業，就來矽谷；不在美國，就飛過來。」天使投資人是美國創業文化的核心。有如受到天使的保護一般，美國天使投資人的規模不斷增長，每年有多達二十七萬名天使投資人投資高達兩百億美元，使將近七萬間公司受益。在創業中的公司，有九七%都是從天使投資人那裡獲得資金，而這些新創公司每年會創造約四十萬個就業機會，形成創意經濟的盛世。

以矽谷為例，創業者的創業計畫書只要獲得認可，天使投資人便會競相展開投資，且各大顧問公司都會率先提供協助。也就是說，創業者只需要帶著創業的點子，其他部分都可以交由專事該領域的顧問公司處理，進而順利挺過創業初期的艱辛。反觀韓國，在二〇一二年的兩萬多間新創公司中，只有一・五％的公司實際獲得創投資金。

全球前百大高科技公司中，有七五％都在以色列設有研究中心或生產基地；全球的創投公司中，有三一％都集中在以色列。其中，還包含一百間那斯達克上市公司，以及全球最大的創投公司，創下驚人的紀錄。

然而，韓國科學技術院（KAIST）的李珉和教授指出：以色列創投的成功，與其歸功於技術上的實力，更應該歸功於美國猶太人的投資。也就是說，都要感謝猶太人的資金，及各公司對於母國的投資。他們善用軍事技術與虎之霸精神，造就出這個創業大國。這世上，唯有以色列這個國家同時具備了猶太人的資本力量，以及易於進入美國市場的特性。

美國成功企業家的創業失敗次數平均為二・八次。由此可見，美國擁有「**容許失敗**」的文化。而且，這與猶太社群願意向創業者提供最多三次無息貸款機會的文化一致。這種容許失敗並將其視為寶貴經驗的文化，促進了創業的盛行。

美國企業基本上並不排斥併購。企業之間經常開會討論、協商，並且產生加乘效應，雙方反而會積極推動併購，藉由收購新創公司、結合各類技術與商業模式，以提高競爭力。在矽谷，新創公司的收購市場十分發達。

許多在二十多歲創業成功的矽谷青年——包含谷歌的創辦人在內——都是猶太人。在美國成立的猶太人公司，有一條不成文的規定：研究中心必須設在以色列。

身在美國的猶太人，會從物質及精神的兩個層面來幫助以色列的新創公司，具代表性的案例之一是自二〇〇九年起，舉行於洛杉磯的「以色列會議」（The Israel Conference），其目的在於宣傳創業大國以色列的競爭力，並為以色列的新創公司提供進軍美國的跳板。

許多隱藏在不同領域的猶太人會參加此活動，使人看見已經在美國生根的猶太人力量。其中包含許多企業執行長，陣容十分豪華。該活動串連了以色列的先進技術及美國的資金，扮演著「科技基金」的橋梁，其宗旨為五個 I：想像力（imagination）、靈感（inspiration）、想法（ideas）、獨創性（ingenuity），及以色列（Israel）。

以矽谷附近的史丹佛大學為例，該校的教授與畢業生所成立的公司的總營業額，多達兩兆六千億美元，相當於韓國 GDP 的兩倍。美國大學早已紛紛成立以發展專利權為主的技術導向公司，響應政府的創業政策，發展創意經濟。[38]

儘管成功，仍不安逸於現狀

即使是創業成功並獲得收購的富人，也不會休息，尤其猶太人更是如此。美國最近的熱門話題之一，是美國最大商家評論網站 Yelp，上面的評論具有強大的影響力，足以左右消費者的選擇。

協助創立 Yelp 的馬克斯・列夫琴，是「PayPal 黑手黨」的成員之一。所謂的「PayPal 黑手黨」，是指離開 PayPal 之後、在其他領域也成就顯著的一群人。一九九八年，列夫琴與彼得・提爾（Peter Thiel）在史丹佛大學附近用餐時，提出了有關行動支付服務的點子。後來，列夫琴、提爾與伊隆・馬斯克（Elon Musk）共同創立了第三方支付平臺 PayPal。

在紐約證券交易所上市的 PayPal，在二〇〇二年以十五億美元的價格被 eBay 收購。但是，這些在矽谷創業、獲得大筆財富的青年分明可以就此收手、舒服的度過餘生，卻選擇再度創業。

列夫琴在二〇〇四年創立了照片共享網站 Slide，每天工作十八個小時。此外，他還協助創立了 Yelp，並擔任 Yelp 的董事長。在二〇一〇年八月，他將 Slide 以一億八千兩百萬美元的價格賣給谷歌。目前，他主要經營 Yelp，並兼任雅虎的外部董事。

Yelp 在二〇一二年上市時，價值高達八億四千萬美元。Yelp 上市後，不僅大獲成功，還越來越受歡迎。這種情況十分少見，因為許多公司在上市後，都會因無法達到大眾的預期而逐漸衰退。

專家預測，列夫琴最終將離開 Yelp。因為，他更擅長創業，而非經營企業。這是矽谷猶太人的共同點（按：列夫琴擔任 Yelp 董事長十一年，於二〇一五年離開，目前擔任自己創立的金融科技公司 Affirm 的董事長）。

後記
現今最搶手的，是「創意型人才」

世界的趨勢從過去的工業經濟轉變為知識經濟，現在又從知識經濟轉變為創意經濟。以往需要勤奮的工人，接著變成需要能夠活用知識的人才，而到了創意經濟時代，現在需要的是具有創意的融合型人才。

強調「不同凡想」（Think Different）的賈伯斯曾表示：「優秀的工程師和普通的工程師，實力可能相差一百倍。」說明他願意為了招攬具有創意的人才，而付出更多倍的努力。

要培養這種具有創意的融合型人才，首先必須取消自高中起實施的「文理分科」制度。西方就不存在這樣的制度。

儘管理科生確實在工業化的過程中做出龐大的貢獻，但將來需要的是創意型人才，而非順從型人才。賈伯斯為智慧型手機注入了人文，iPhone 融合了技術、人文及藝術才得以誕生。賈伯斯是一個將人文與技術結合起來的融合型人才。

為了培養融合型人才，必須盡快消除文理分科的制度，破除學科之間的壁壘。當我們既學習經濟學，又鑽研物理學、心理學、工程學，且懂得發揮人文方面的想像力，用以創造新事物時，才有可能打造出一個富含創意的社會。

如今，美國的大學越來越重視學科之間的融合，紛紛成立跨學科學位課程。例如，杜克大學、賓州大學、曼徹斯特大學等數十所大學，皆設立綜合人文學科的「哲學、政治學及經濟學」（Philosophy, Politics and Economics，簡稱PPE）學位。

一九二〇年，英國牛津大學首度開設PPE學位課程，旨在培養全球領導人，其知名畢業生包含前美國總統柯林頓、緬甸政治家翁山蘇姬，和前巴基斯坦總理班娜姬・布托（Benazir Bhutto）。

容許失敗、鼓勵挑戰的創業文化

韓國推動工業化已達半個世紀，卻尚未形成良性的經濟循環。韓國經濟主要由財閥所把持，雖然新創公司的數量有增加，卻仍缺乏一個能讓新創公司成長為中小型企業、中堅企業及大企業的良性循環，因為韓國財閥不斷的拆分及拓展旗下業務，導致真正成長的只有財閥自身。

例如，三星集團的旗下擁有三星電子等子公司，後來又拆分出CJ集團、新世界集團和韓松集團；現代集團則拆分出現代重工、現代汽車，以擴展規模。美國雖然也有傳統財閥的存在，但美國同時具備企業的良性循環生態系，以往不存在的微軟、蘋果、亞馬遜（Amazon）、谷歌、臉書等公司，都能夠從小小的新創公司發展為跨國大型企業。

我們應該好好了解矽谷和以色列的創業生態系，以培育具有潛能的新創公司，因為新創公司是企業生態系的起始點，而我們必須打造出容許失敗、鼓勵挑戰的創業文化。

韓國經濟目前陷入了「三星集團錯覺」之中，除了三星集團以外，多數大型企業的成長趨緩。其中，一半以上將在四到五年內被中國擊敗。如今迎來創意經濟的時代，第二或第三個三星很有可能來自新創公司。因此，韓國必須盡快打造出創業生態系（按：在全球新創調研機構 Startup Blink 發布的「二〇二〇創業生態系排名」中，首爾為第二十一名，臺北則躍升兩百零八個名次，為第四十二名）。

保障自由競爭，創意才能發展

縱觀全球經濟史，有一個明顯的趨勢：保障自由競爭的地方，自然是經濟發達、貿易興盛，即使在古代也是如此，蘇美文明和印度文明即為例子。

古代的腓尼基人之所以能夠掌握地中海的海上貿易，是因為他們採行自由的城邦制，保障自由競爭。由於沒有絕對王權，所以沒有任何管制和打壓的情況。同時代的希伯來文明，以及後來的希臘文明，都是如此。這些人的共同點是：由於從小住在城邦或自治社群內，因此不受體制的束縛，思維自由。

即使到了現代，這樣的趨勢依然不變。全球經濟的主導地位，無論是在西班牙、荷蘭、英國或如今美國的手上，其關鍵都在於「自由競爭」。

自由競爭的對立面是「管制與打壓」，因此，政府應先保障自由競爭的權利。從歷史上看來，只要是保障自由競爭的地方，人類的創意就能夠蓬勃發展。因此，要打造創意經濟，首先必須廢除管制和打壓，以提供自由競爭的舞臺。

在制度改革方面，提升市場的自由競爭度非常重要，政府應該大膽的從目前的積極管制改為消極管制。尤其，服務業的法規必須大幅放寬，因為，未來的關鍵在於服務業。

自由競爭的另一個面向是「自律與開放」，但實際上，要做到這件事並不容易。因為，既得利益者會積極的保護自己的權益。

這就是為什麼，服務業要達成開放競爭並不容易，而政府和國會就連對於教育與醫療等服務類型產業的開放化也很消極。因為他們清楚知道，就算提出相關法案，也不太容易通過，因為既得利益者會強力遊說。

公職人員的既得利益也是一大問題。某日我與一名當過銀行副行長、後來退休的金融業人士共進晚餐。

我問他：「您認為，金融業的發展，最重要的是什麼？」他回答：「財政經濟部那雙操控的黑手應該消失。銀行為了看財政經濟部的臉色，根本無法走向自律和開放，反而長期受控而封閉。」這就是韓國服務業的現狀。

官僚如今已變成一個難以改變、如怪物般的既得利益集團。若要好好發展金融業，就必須擺脫官僚的掌控。

金融、觀光、教育、醫療、法律、零售、媒體、娛樂和文化等服務性產業是我們未來生存的根基、創造就業的寶庫，以及下一個出口產業。我們應該將金融業發展為出口產業，將觀光業發展為會展業，並讓韓國成為教育與醫療觀光的聖地。此外，韓國的影視娛樂業亦非常熱門，「韓流」席捲全球。

我協助製造業出口長達三十二年，之所以撰寫一系列關於猶太人的文章，正是為了傳達這些服務性產業的重要性。

然而目前，上述的服務業仍受到政府的管制和既得利益者的束縛，無法正常運作。我們不能只是改革或廢除相關法規，而是必須讓體制完全走向開放，破除既得利益者銅牆鐵壁般的反對主張，以及比岩層還要厚的重重管制。

倘若不破除上述的限制，未來將沒有前途可言。你我都明白，縱觀全球經濟史，經濟的開放化縱使會遇上一時的困難，但終究是正確的方向。

向猶太人學習，發展創意經濟

猶太人的創意來自於閱讀、提問與討論、融合與跨界，以及人人平等的文化。猶太教重視學習，使猶太人將閱讀視為一輩子的功課，而廣泛的閱讀是洞察力的根源。此外，猶太人特有的「提問與討論」文化有助於激發創意和想像力，也經常體現在企業文化當中，使創意源源不絕。

猶太人之所以擁有自由的「提問與討論」及「融合與跨界」的社會風氣，奠基於他們人人平等的文化——不論長幼貧富，人人皆可質疑權威。此外，猶太人的家庭教育也造就了他們的創意，其力量不亞於學校教育。猶太人能夠保有其數千年來的傳統，父母對於孩子的教導是最重要的因素。

許多亞洲人的祖先也擁有像餐桌教育那般，令人引以為傲的家庭教育傳統，卻在工業化和西化的過程中丟失了。但現在還不算太遲，我們應該重新思考「父母」的角色何在，並且努力建立「閱讀、提問與討論、融合與跨界、挑戰權威」的文化。

有創意的人不是一朝一夕就能培養出來的。但是，透過各式各樣的融合與跨界，我們將同心協力打造出充滿創意的社會。

參考書目

01 柳賢貞（류현정），二〇一三年五月二十二日，《朝鮮日報》。

02 陸東仁（육동인），《〇・二五的力量》。아카넷。

03 陸東仁（육동인），《〇・二五的力量》。아카넷。

04 韓尚休的生活專欄（한상휴의생활칼럼，暫譯），〈猶太人的生活智慧〉，www.webegt.com。

05 猶太資訊網（www.jinfo.org）。

06 樸載善（박재선），《影響世界的猶太力量》。해누리。

07 金鍾彬（김종빈），《衝突的中央：猶太人》。효형출판。

08 金東錫（김동석），《金東錫深度導讀華盛頓》。

09 車東燁（차동엽），《彩虹原理》。국일미디어。

10 高在學（고재학），《向猶太父母看齊》。예담friend。

11 約瑟芬・金（Josephine M. Kim），《孩子高自尊的祕訣》（*The Secret of Children's Self-Esteem*）。비비북스。

12 柳泰永（유태영），《以色列的英才教育》，blog.naver.com/0zeroma0。

13 崔孝燦（최효찬），《ECONOMY Chosun》。

14 陸東仁（육동인），《〇・二五的力量》。아카넷。

15 韓尚休的生活專欄，〈猶太人的生活智慧〉，www.webegt.com。

16 許政林（허정림）、金智勳（김지훈）、張宥貞（장유정），《有趣的發明故事》。가나출판사。

17 玄永秀（현용수）二〇〇四年八月，《新東亞》。

18 馬文・托卡雅（Marvin Tokayer），《塔木德》。문화광장。

19 馬克斯・迪蒙（Max Dimont），《世界上最成功的民族：猶太人》（*Jews, God and History*）。동서문화사。

鄭成浩（정성호），《猶太人》。살림출판사。

20 參考車東燁神父的講論。

21 金秀妍（김수연），〈拒絕一百萬美元的數學天才〉。二〇一三年四月十五日，韓民族日報，www.hani.co.kr/arti/society/schooling/582825.html。

22 參考 Wownet 朴文煥（박문환）的演講。

23 參考旅美作家金由美（김유미）的部落格。

24 李元載（이원재），〈以色列故事〉。Chosun Biz，朝鮮日報。

25 姜榮秀（강영수），KOTRA特拉維夫辦事處。

26 朴奉權（박봉권）二〇一三年七月三十日，《每日經濟新聞》。

27 姜賢宇（강현우），二〇一一年六月二十七日，《韓國經濟新聞》。

28 姜榮秀，《猶太歷史五千年》。청년정신。

29 姜榮秀（강영수），河尚旭（하상욱），趙源林（조원림），權秉漢（권병한），權順才（권

순재）。〈在美國那斯達克上市之外國企業主要成功案例分析研究〉，二〇〇二年十一月三十日。韓國電子通信研究院。

30 趙秉旭（조병욱），二〇一三年三月六日，《世界日報》。

31 丹恩．席諾（Dan Senor）、掃羅．辛格（Saul Singer），尹鐘祿（윤종록）譯，《創業國家》（Start-up Nation）。다할미디어。

（按：繁體中文版：《創業之國以色列》，木馬文化出版）

鄭有信（정유신），韓國新創投資公司（Korea Venture Investment Corp.）社長。

32 元俊英（원준영），KOTRA特拉維夫辦事處。

33 姜榮秀（강영수），KOTRA特拉維夫辦事處。

34 馬文．托卡雅（Marvin Tokayer），《塔木德》。문화광장。

35 金相奉（김상봉），「沒有學歷之分的社會」祕書長及哲學博士。

36 大山鋸天牛，《人類百大科學辭典》。웅진닷컴。

37 李康峰（이강봉），《科學時報》（The Science Times）。

38 尹鐘錄（윤종록），〈創意經濟的答案在以色列〉。Chosun Biz，朝鮮日報。

李珉和（이민화），〈正確解讀以色列〉，二〇一三年五月三日。Venture Square。

Biz 361

猶太人的智富思維

猶太人這麼少，智者和有錢人卻這麼多，
就靠塔木德、虎之霸、大頭精神，和長輩給的三個禮物。

作　　者／洪益憙
譯　　者／邱麟翔
責任編輯／李芊芊
校對編輯／張慈婷
美術編輯／林彥君
副總編輯／顏惠君
總 編 輯／吳依瑋
發 行 人／徐仲秋
會　　計／許鳳雪
版權經理／郝麗珍
行銷企劃／徐千晴
業務專員／馬絮盈、留婉茹
業務經理／林裕安
總 經 理／陳絜吾

國家圖書館出版品預行編目（CIP）資料

猶太人的智富思維：猶太人這麼少，智者和有錢人卻這麼多，就靠塔木德、虎之霸、大頭精神，和長輩給的三個禮物。／洪益憙著；邱麟翔譯. -- 初版. -- 臺北市：大是文化有限公司，2021.08
304面；17×23公分. --（Biz：361）
譯自：유대인 창의성의 비밀：베스트보다 유니크를 지향하라
ISBN　978-986-0742-05-3（平裝）

1. 猶太民族　2. 民族文化　3. 創意　4. 成功法

536.87　　110006256

出 版 者／大是文化有限公司
臺北市 100 衡陽路7號8樓
編輯部電話：（02）23757911
購書相關諮詢請洽：（02）23757911 分機122
24小時讀者服務傳真：（02）23756999
讀者服務E-mail：haom@ms28.hinet.net
郵政劃撥帳號 19983366　戶名／大是文化有限公司

法律顧問／永然聯合法律事務所
香港發行／豐達出版發行有限公司 Rich Publishing & Distribution Ltd
香港柴灣永泰道70號柴灣工業城第2期1805室
Unit 1805, Ph.2, Chai Wan Ind City, 70 Wing Tai Rd, Chai Wan, Hong Kong
電話：21726513　傳真：21724355
E-mail：cary@subseasy.com.hk

封面設計／林雯瑛
內頁排版／江慧雯
印　　刷／鴻霖印刷傳媒股份有限公司

出版日期／2021年8月初版
定　　價／新臺幣 399 元（缺頁或裝訂錯誤的書，請寄回更換）
ISBN　978-986-0742-05-3
電子書ISBN／9789860742275（PDF）
9789860742282（EPUB）